Marc Petitjean

Das Herz – Frida Kahlo

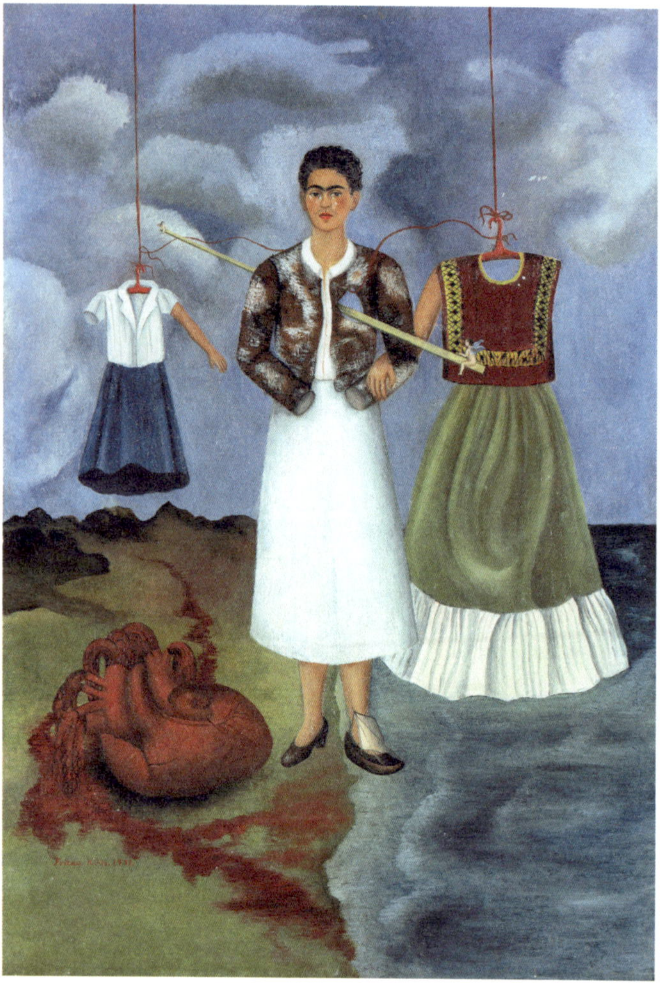

Erinnerung oder *Das Herz* 1937
Öl auf Metall, 40 x 28 cm
Privatsammlung, New York

Marc Petitjean

Das Herz – Frida Kahlo

Eine Liebesaffäre in Paris, Frühling 1939

Mit 23 Abbildungen und einem Text von André Breton

Aus dem Französischen von Michaela Angermair

Schirmer/Mosel Literatur

Bildnachweis

Mit freundlicher Genehmigung von Éditions Arléa /Association André Breton, Paris: S. 38; mit freundlicher Genehmigung von Éditions Arléa: S. 185; bpk/CNAC-MNAM, Musée national d'art moderne-centre de création industrielle/Dora Maar: S. 175, 177; Photo Paul Juley, National Museum of American Art, Smithsonian Institution: S. 14; picture alliance/ ZUMAPRESS.com/Keystone Pictures USA: S. 31; mit freundlicher Genehmigung des Autors: S. 71, 90, 119; Verlagsarchiv: S. 2, 23, 24, 46, 53, 66 (© Magnum/Focus), 92, 121, 124, 134, 138, 145, 198, Umschlag; Wikimedia Commons: S. 77

Der Abdruck des Textes *Frida Kahlo de Rivera* von André Breton erfolgt mit freundlicher Genehmigung von Aube Elléouët, Nachlass André Breton.

Autorisierte deutschsprachige Ausgabe, der bei Éditions Arléa, Paris, erschienenen französischen Originalausgabe *Le Cœur – Frida Kahlo à Paris*

Lithographie: Bayermedia, München
Druck und Bindung: Longo AG, Bozen

ISBN 978-3-8296-0914-2

Eine Schirmer/Mosel Produktion
www.schirmer-mosel.com

Inhalt

Für Freydelyne Charles

Meine Verletzung war schon vor mir da,
ich wurde geboren, um sie zu sein.
Joë Bousquet

Ein Treffen

Oscar, ein mexikanischer Schriftsteller, von dem ich noch nie gehört hatte, kontaktierte mich per Internet und bat mich um ein Treffen. Er verriet nur, dass es um meinen Vater ginge. Das machte mich neugierig, denn mein Vater ist seit über zwanzig Jahren tot. Wir trafen uns an der Ecke Rue du Temple/Rue Dupetit-Thouars. Er reichte mir vier maschinengeschriebene Seiten, die er aus seiner ledernen Aktentasche hervorzog. „Hier“, sagte er, „diesen Artikel habe ich nach Recherchen in den Archiven der mexikanischen Künstlerin Frida Kahlo geschrieben. Ich habe entdeckt, dass Ihr Vater eine Liebesbeziehung mit ihr hatte, als sie 1939 nach Paris kam.“

Ich wusste, dass die beiden sich gekannt hatten und dass sie ihm ein Gemälde mit dem Titel *Das Herz* geschenkt hatte, aber er hatte keine wie auch immer geartete Beziehung mit ihr erwähnt.

Frida Kahlo gilt heute als eine der bedeutendsten Künstlerinnen des 20. Jahrhunderts, und in Mexiko ist sie eine Ikone, natürlich kannte ich sie. Was hatte sich also tatsächlich zugetragen zwischen ihr und meinem Vater?

Oscars Text gab einige Hinweise zum Zusammentreffen der Liebenden, zu den drei Wochen, die sie gemeinsam verbracht haben, und zu den Briefen, die mein Vater der Künstlerin nach ihrer Abreise geschrieben hat. Da ich nicht Spanisch spreche, habe ich nicht alles verstanden, aber ich spürte, dass der Autor das Ganze ausgeschmückt hatte und auf der Basis weniger Gegebenheiten über die Intensität ihrer Beziehung Spekulationen anstellte. Was sie wirklich miteinander erlebt haben, wird wohl keiner je wissen, aber es scheint dennoch offensichtlich, dass ihre Verbindung ziemlich stark oder einzigartig war – wie sonst wäre zu erklären, dass ihm Frida Kahlo eines ihrer Werke geschenkt hat.

Ich sah Oscar noch einmal vor seiner Abreise nach Mexiko. Wir trafen uns im Café Zimmer an der Place du Châtelet. Ich fragte ihn, warum er sich für meinen Vater interessiere. Diese Liebesgeschichte amüsiere ihn und er wolle mehr über den Aufenthalt der Künstlerin in Paris 1939 in Erfahrung bringen, erklärte er mir. Er war überzeugt, dass mein Vater Briefe von Frida Kahlo erhalten hätte, und hoffte, ich würde ihm etwas über deren Inhalt verraten. Aber nein, außer einem Telegramm – „Ich denke viel an Dich, Michel“ –, das sie nach ihrer Abreise aus Le Havre von Bord der *Normandie* aus geschickt hatte, hatte ich nichts gefunden. Oscars Neugier hatte auch meine angestachelt, und so machte ich mich meinerseits daran, das Leben der beiden Liebenden zu erkunden.

1939, in dem Jahr, als er die mexikanische Künstlerin kennenlernt, ist mein Vater neunundzwanzig Jahre alt, sie zweiunddreißig. Er ist Ethnologe, Agraringenieur, ein Kämpfer der Linken und Journalist, und er verkehrt in künstlerischen und mondänen Kreisen. Zwölf Jahre vergingen zwischen ihrer Liebesgeschichte und meiner Geburt, davon herrschte fünf Jahre lang Krieg. Während ich mich mit der Vergangenheit meines Vaters beschäftige, mache ich mich darauf gefasst, einen anderen Menschen zu entdecken, einen, der ganz anders ist als der, den ich kannte: jünger natürlich und mit Wünschen, Standpunkten, Anliegen, Interessen, die ganz seinem Alter entsprechen in dieser Zeit kurz vor dem Zweiten Weltkrieg. Claude Mauriac beschreibt ihn in seinen Memoiren als „lachenden Bauern“ mit einem rundlichen, lustigen und charmanten Gesicht. Der Mann, den ich kennengelernt habe, war zwar charmant und elegant, aber auch ein wenig deprimiert und nicht besonders amüsant.

Ich habe die Bücher über Frida Kahlos Leben und Werk durchstöbert auf der Suche nach Hinweisen, was über ihren Pariser Aufenthalt bekannt ist. Die wichtigsten Biographien, die ich zu Rate gezogen habe, messen der Pariser Episode keine Bedeutung bei: nur sechzehn Seiten beispielsweise im über siebenhundert Seiten starken Buch von Hayden Herrera, das bis heute als das am besten recherchierte gilt. Im Übrigen haben sich verschiedene Autoren, als sie Fridas kurze Zeit in Paris beschrieben, fast ausschließlich auf die drei Briefe gestützt, die sie an Nickolas Muray oder an Freunde geschickt hat und in denen sie viel Schlechtes über die Franzosen sagte, die sie langweilig und prätentiös fand – sicher zu Recht, dennoch hätte man gern mehr gewusst.

Aus meinen Kindertagen erinnere ich, dass das Bild *Das Herz* an der Wohnzimmerwand hing. Es war klein und von einem verschossenen roten Samtrahmen eingefasst – und es zog den Blick auf sich. Dieses Bild, das schonungslos ein im Sand liegendes riesiges blutendes Herz zeigte, dazu eine Frau ohne Hände, deren Körper von einem Metallstab durchbohrt war und die mich mit ihrem Blick zu fixieren schien, dieses Bild hat mich lange irritiert. Ich spürte eine Art Schwindel, wenn ich es zu lange betrachtete – ich fürchtete, mit Haut und Haar ins Innere dieses erschreckenden Universums eingesogen zu werden. Erst später, als Jugendlicher, als ich das Werk mit den Skurrilitäten der Surrealisten in Zusammenhang brachte, begann ich es zu mögen.

Als ich meinen Vater fragte, was das Bild zu bedeuten habe, erzählte er mir, was Frida ihm gesagt hatte. Das Werk hat zwei Titel: *Gedächtnis* und *Das Herz*, und es stellt die Transformation von Frida Kahlo dar. Mit siebzehn Jahren hatte sie einen schweren Unfall gehabt und war seither körperlich behindert gewesen. Auf dem Bild erkennt man links die Kleidung ihrer Jugendzeit, mittig das europäische Gewand, das sie im Augenblick des Unfalls anhatte, und rechts die traditionelle Tracht der mexikanischen Indio-Frauen, die sie fortan trug. Ein weiter, langer Rock, der ihr vom Unfall gezeichnetes Bein verbarg.

Wenn mein Vater mir von ihr erzählte, war sein Tonfall von Respekt und Bewunderung geprägt, aber ich spürte auch eine gewisse Zurückhaltung. Vielleicht wollte er nicht zu viel sagen, um das Geheimnis ihrer Leidenschaft zu wahren.

Wollte sie ihm dieses spezielle Bild schenken, oder hat er es sich unter mehreren ausgesucht? Wie auch immer, *Das Herz* hat ihr Idyll besiegelt.

Wenn man es genau betrachtet, scheint das Bild komplexer und dramatischer zu sein als das, was mein Vater darüber zu sagen pflegte: der magentarote Rahmen lässt an ein mexikanisches Votivbild denken. Links in der Brust der weiblichen Figur – die Frida Kahlo darstellt – und zugleich in der Mitte der Komposition befindet sich ein Loch anstelle des Herzens. Ein feiner goldener Metallstab durchdringt diesen Leerraum diagonal. Winzige Engel sitzen rittlings auf den äußersten Enden des Stabs wie auf einer Wippe. Über das ernste Gesicht, das den Betrachter fixiert, laufen dicke Tränen. Die Frau hat keine Hände, und einer ihrer Füße ist verletzt, er steht im Meer und ähnelt einem Boot. Der Körper hebt sich vor der Schnittlinie ab, die den Hintergrund symmetrisch aufteilt: die obere Hälfte besteht aus einem blauen Himmel, der von düsteren Wolken überzogen ist. Der untere Teil ist in zwei gleich große Flächen aufgeteilt: die wüstenähnliche Landschaft der linken Seite erinnert an den Hintergrund der *Mona Lisa.* Ein riesiges Herz dominiert diese Landschaft. Das Blut, das aus den abgetrennten Arterien sprudelt, fließt zur einen Seite zum Wasser, zur anderen in Richtung der entfernt liegenden Berge. Die rechte untere Hälfte zeigt das anbrandende Meer.

Links im Hintergrund hängt vom oberen Rand des Rahmens ein roter Faden herab, an dem ein Bügel mit einer Schulmädchenuniform befestigt ist, eine weiße Bluse und ein blauer Rock. Ein nackter Arm, seltsamerweise die einzige obere Gliedmaße, streckt sich zur zentralen Figur hin aus. Rechts von Frida Kahlos Selbstportrait hängt ein weiteres Kleidungsstück in derselben Weise, ein rotes Oberteil mit goldenem Muster, ein langer grüner Rock mit breitem, weißem Saum. Der einzelne Arm, der aus dem Kleidungsstück hervorragt, stützt sich auf Frida Kahlos handlosem Arm ab.

Diese Darstellung lässt ahnen, dass sich ein Drama abgespielt hat: Blut fließt, nichts ist an seinem Platz, alles ist ungewiss. Frida Kahlos Gesicht drückt zugleich ein Hinnehmen der Situation und ein entferntes Wissen um das Ereignis aus. Die Härte der Komposition verstärkt das Gefühl, dass alles erstarrt ist, alles blockiert. Die Kleider sind aufgehängt wie die von Minenarbeitern in der Waschkaue. Die Intensität des Schmerzes bewirkt eine Entwirklichung der Figur und den Verlust ihrer Gliedmaßen: Ihre Hände gehören ihr

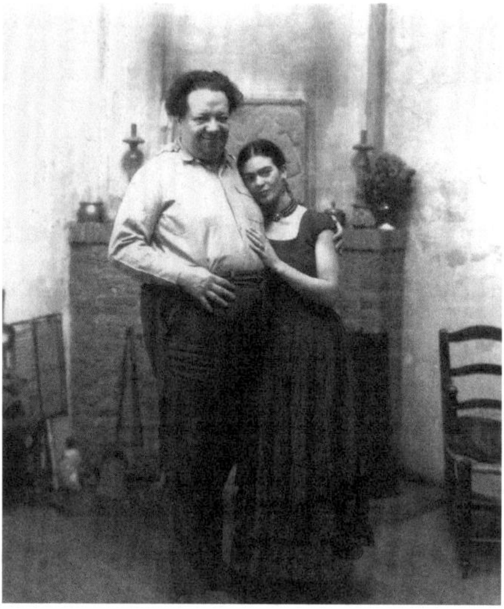

Das ungleiche Paar: Frida und Diego in San Francisco, 1930

nicht mehr, ihr Herz, lebenswichtiges Organ und normalerweise verborgener symbolischer Sitz der Gefühle, ist in roher Art und Weise den Blicken aller ausgesetzt und hat die Verbindung zur Person verloren.

Was wusste mein Vater von Frida Kahlo, als er sie kennenlernte? Wahrscheinlich nicht viel, wie die meisten Menschen damals in Paris. Sie war zu dieser Zeit als Künstlerin in Europa unbekannt. Jeder kannte Frida de Rivera als Frau des international anerkannten Schöpfers von Wandmalereien im öffentlichen Raum, den *murales*, Diego Rivera; sie war „die Frau des Künstlers".

Als die beiden 1929 heirateten, war sie achtzehn Jahre alt, er zwanzig Jahre älter. Mit seinen einhundertfünfzig Kilo, seinen ein Meter fünfundachtzig und seinem ausdrucksstarken Gesicht mit den hervorstehenden Augen, seinem hitzigen und unberechenbaren Temperament war „der Menschenfresser" gleichermaßen verführerisch wie abschreckend. Ihre Beziehung war stürmisch, leidenschaftlich, großartig und schmerzhaft, aber für Frida stand Diego immer und jederzeit über allem, sie war bis an ihr Lebensende von grenzenloser Bewunderung und Liebe zu ihm erfüllt.

1933 entdeckte sie, dass Diego – wahrscheinlich bereits seit zwei Jahren – eine Affäre mit ihrer Schwester Cristina unterhielt, der sie sehr nahestand. Diese erste Untreue Diegos, der zahlreiche weitere folgen sollten, erschütterte ihr Vertrauen zutiefst. Vom Schmerz vernichtet reiste sie nach New York, schnitt sich die Haare ab und tauschte ihre traditionelle mexikanische Tracht, die Diego so liebte, gegen westlich geprägte Kleidung. So setzte sie eine Zäsur und brachte ihre Unabhängigkeit zum Ausdruck.

In *Das Herz* beschwört sie drei Phasen ihres Lebens herauf: Links im Bild hängen der blaue Rock und die weiße Bluse der Schülerin vom Himmel, die sie trug, als sie Diego kennenlernte. In der Mitte sieht man eine Frida mit kurzen Haaren, die moderne Kleidung trägt, sie ist erwachsen und hat erkannt, dass Diego sie mit Cristina betrügt. Rechts weist die Tehuana-Tracht auf die verheiratete Frau hin, die sich mit ihrer mexikanischen Identität verbunden fühlt. Das herausgerissene, blutende Herz, das auf dem Boden liegt, steht für ihr Leiden. Das Boot erinnert an den orthopädischen Schuh, den sie seit ihrer Jugend infolge einer Polio-Erkrankung trägt, der Metallstab symbolisiert die Stange, von der sie beim Unfall mit der Trambahn aufgespießt wurde. Das Bild lässt sich allerdings auch als ein Ausdruck der Vergebung lesen, denn die mexikanisch gekleidete Frida, die Diego besonders liebt, reicht der wütenden Frida im europäischen Gewand den Arm. *Das Herz* vereint alle Elemente der großen Dramen im Leben der Künstlerin: die Polio-Infektion der Kindertage, den schrecklichen Unfall und Diegos chronische Untreue.

Auf der Suche nach Spuren von Frida Kahlo stoße ich im Keller auf eine Schachtel, in der ich nach dem Tod meines Vaters 1993 Briefe und Papiere gesammelt habe. Noch immer hege ich die Hoffnung, einen Brief von ihr zu finden, doch vergebens. Zwar gibt es reichlich Korrespondenz mit Kunsthistorikern und Museumskonservatoren im Ausland, denen mein Vater das Bild geliehen hat. Ich ordne die Seiten nach Datum, um eine Chronologie der Geschichte des Bildes zu erstellen. Ich schreibe an alle, die ihn kontaktiert haben, in der Hoffnung, etwas mehr zu erfahren.

Tatsächlich muss ich mir eingestehen, dass ich nicht viel über das Leben meines Vaters weiß.

Gibt es irgendwo einen Ort, an dem die Erinnerungen aller Verstorbenen versammelt sind? Dort könnten wir in aller Ruhe vor uns sehen, was wir nicht selbst erlebt haben, aber andere. Die Vorstellung, dass ein solcher Schatz des allgemeinen Gedächtnisses existierte, würde mir helfen, das Bild meines Vaters in früherer Zeit zu skizzieren. Da das aber nicht geht, bleibt mir nur, mir anhand von Fakten, Zeugnissen, Bruchstücken und Erinnerungen Dinge vorzustellen und dann ganz frei eine Persönlichkeit zu entwerfen, die vielleicht derjenigen gleicht, die es wirklich gegeben hat.

Ich sehe meinen Vater vor mir, wie er – noch jung – in Hemdsärmeln in einem Schlafzimmer auf der Bettkante sitzt und beim Schein der Nachttischlampe *Das Herz* betrachtet. Dann schreibt er auf einem Block

Papier einen der Briefe, die Oscar in den Archiven der Künstlerin in Mexiko finden wird:

„7. April 1939. Paris ist traurig, das schöne Wetter hat einige Versuche gemacht, ohne Erfolg. Es herrscht eine üble Atmosphäre hier, alles riecht nach Krieg, sogar mein Optimismus ist langsam etwas angegriffen. Ich vergesse Dich nicht, ich verbringe nach wie vor viel Zeit vor Deinem Bild. Ich verstehe nicht, weshalb Du so nett warst mit mir, der ich nur armseliger *Durchschnitt* bin. Ich küsse Dich so, wie ich Dich liebe. Michel."

Rückblende

Im Unterschied zu meinem Vater und seinem Leben ist Frida Kahlo bekannt wie ein bunter Hund, und ihre Werke geben viele Hinweise auf ihre Persönlichkeit und ihr Wirken. Ich gehe also davon aus, dass ich auch etwas über ihn herausfinde, wenn ich Fridas Geschichte in den Monaten vor ihrer Begegnung mit meinem Vater erkunde. Die eine Person wird die andere sichtbar machen: sobald ich weiß, wer Frida Kahlo war, kann ich mir ein besseres Bild davon machen, was meinen Vater zu ihr hinzog, und daraus schließen, was für ein Mann er war.

Im Januar 1939 verlässt Frida Kahlo New York und schifft sich an Bord des Transatlantik-Passagierdampfers *SS-Paris* ein, um nach Frankreich zu fahren. Das Schiff ist luxuriös ausgestattet: Innenräume im Jugendstil-Design mit einem Zusammenspiel von geschwungenen Linien, herrschaftlichem Treppenaufgang und farbigen, hohen Fenstern. Frida verbringt ihre Zeit allein in ihrer engen Kabine, sie liest und schreibt, geht selten ins Bordkino, und wenn, dann höchstens, um einen Film von Charlie Chaplin oder den Marx Brothers zu sehen. Sie arbeitet an einem Gemälde, das ihre Freundin Clare Boothe Luce, Redakteurin bei *Vanity Fair*, in Auftrag gegeben hat: es soll die Schauspielerin Dorothy Hale würdigen, die im Oktober 1938 durch eine Sprung vom Dach des Hampshire House, einem Apartment Building am Central Park, ihrem Leben ein Ende gesetzt hat. Sobald das Bild fertig ist, will die Freundin es Dorothys Mutter schenken. Auch auf die Gefahr hin, die Beschenkte zu schockieren, hat sich Frida entschieden, die Schauspielerin im Augenblick ihres Suizids darzustellen, da sie sich selbst von dieser Vorstellung verfolgt fühlt.

Doch wie den Moment vergegenwärtigen, in dem eine Person ihren Körper aufgibt, wie die unendliche Dauer des Falls? Frida entschließt sich, drei Etappen darzustellen, indem sie den Körper auf verschiedenen Ebenen zeichnet.

Im geräumigen Speisesaal sitzt sie immer am selben Tisch, ganz allein im Blickfeld aller Mitreisenden, als wolle sie ihre Eigenart betonen, ohne jedoch Aufmerksamkeit zu erheischen. Doch ihre Tischnachbarn können sie gar nicht übersehen, und sei es nur wegen ihrer traditionellen mexikanischen Kleidung, ihrer aufgerollten und am Kopf festgesteckten Zöpfe und ihrer zahlreichen, in allen Farben schillernden Ringe an den Fingern. Sie trinkt reichlich Alkohol, am liebsten Cognac. Einige Passagiere lassen sich hinreißen, ihr den Hof zu machen, und die Spießer, die sie als Exzentrikerin betrachten, die man besser meidet, verdrehen die Augen und kommentieren mit gesenkter Stimme, was sie sehen.

Am Freitag, dem 20. Januar 1939, am Vorabend ihrer Ankunft in Le Havre, läuft sie, wie üblich in ihren grünen Schal gehüllt, die lange Promenade auf dem Oberdeck entlang und sieht zerstreut einigen Passagieren bei einem Wurfspiel zu. Im Geist ist sie noch in New York, wo sie drei wunderbare Monate mit ihrem neuen Geliebten, dem Photographen Nickolas Muray, verbracht hat. Direkt vor ihrer Abreise haben sie gemeinsam im Barbizon-Plaza gefrühstückt, ehe sie für eine Photositzung in Nickolas' Studio in der MacDougal Street Nr. 129, nahe dem Washington Square, zurückgekehrt sind.

Er hat die Vorhänge vor dem Atelierfenster zugezogen, die Scheinwerfer eingeschaltet und sie mitten in den Lichtkegel gesetzt, der sie – so wollte es Nickolas – wie eine sanfte Berührung anleuchtete. Gemeinsam wählten sie ein blaues Kleid mit weißem Muster aus, dazu ein weiß-graues weites Hemd. Sie flocht ihre Haare und band sie mit einem dunkelblauen Band. Eine Halskette aus Muscheln oder Tierzähnen lässt sich unter dem fuchsiafarbenen *Rebozo* erahnen, der auf ebenso subtile wie lässige Art ihre Schultern umspielt. Sie ruht sich aus, leicht gegen die Wand gelehnt, mit geneigtem Kopf und den Händen auf den Unterarmen. Sie liebt die Art, wie er sie betrachtet, wie er das Scheinwerferlicht auf ihrer golden gebräunten Haut beobachtet. Du siehst wirklich aus wie eine Prinzessin, betont er, und sie mag es ihm gern glauben. Mit ihm hat sie das Gefühl, sich wieder in das kleine Mädchen zu verwandeln, das ihr Vater photographiert hat, ehe die Dramen ihr Leben aus der Bahn katapultierten. Ihr Vater sah sie so, wie sie war, sie sah aus wie der Junge, der sie nicht geworden war, mit ihrer ungeduldigen Neugier, ihrem Bedürfnis, Aufmerksamkeit zu erregen und geliebt zu werden; er bewies ihr mit dem Ritual der Photoaufnahmen, dass sie ihm wichtig war. Mit Nickolas, ihrem großen, schönen Geliebten, dem zweifachen amerikanischen Meister im Fechten und Bronzemedaillengewinner der Olympischen Spiele von

1932, erlebte sie dieses Ritual von Neuem. Er ist ein berühmter Photograph, vor allem bekannt für seine farbigen Portraits in den großen amerikanischen Zeitschriften wie *Harper's Bazaar* und *Vanity Fair.* Frida fand ihn verführerisch elegant, und seine Ehrlichkeit und Freundlichkeit berührten sie. Das Photo mit dem *Rebozo* ist das Symbol ihrer tiefen Verbundenheit. Durchs Objektiv hindurch sieht sie, wie er sie betrachtet, und zum ersten Mal erscheint auf dem Abzug eine ruhige und sanfte Frida. Als Diego Rivera die Bilder später sieht, meint er, sie sähen aus wie von Piero della Francesca gemalt.

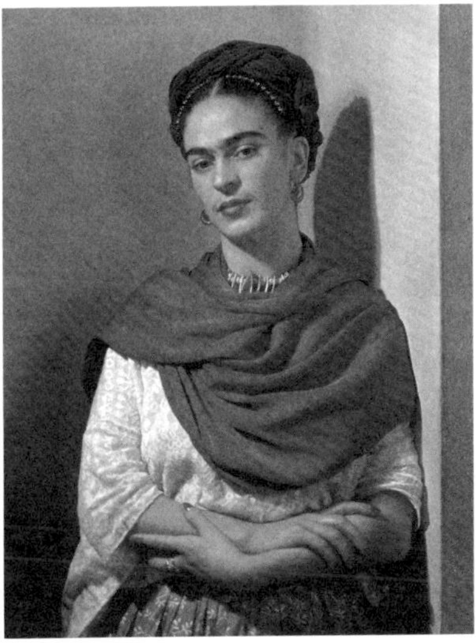

Frida im fuchsiafarbenen *Rebozo*, New York 1939, photographiert von Nickolas Muray

Von der Brücke des Dampfers hat es zum Mittagessen geläutet. Sie möchte nicht nach Paris fahren. Sie wäre lieber bei Nickolas geblieben. Wird er noch in sie verliebt sein, wenn sie nach zweieinhalb Monaten wiederkommt? Und Diego, die Liebe ihres Lebens? Direkt vor ihrer Abreise aus New York am 9. Januar hat sie ihm geschrieben, dass er für sie lebensnotwendig ist und dass es ein Opfer für sie bedeutet, nach Europa zu reisen. Wie wird sie das wohl bewerkstelligen, ohne ihren „geliebten Kröten-Frosch" zu leben, wenn sie mit Nickolas zusammenzieht?

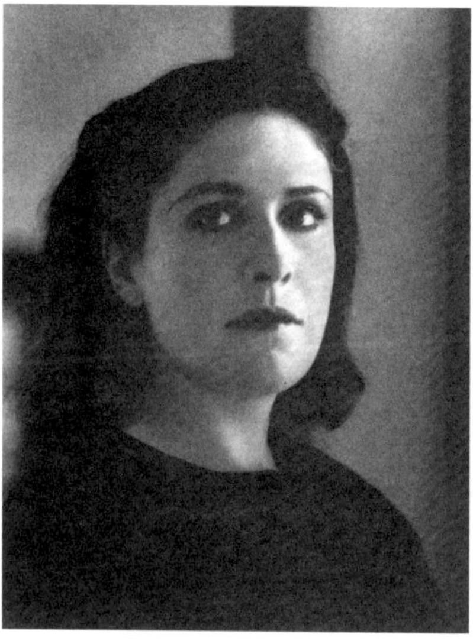

Dora Maar, 1937, photographiert von Rogi André

Oscar vermutet, dass das Schiff am 21. Januar mit zehn Stunden Verspätung in Le Havre ankam und dass Jacqueline Lamba, André Bretons Frau, sie in Begleitung von Pablo Picassos Gefährtin Dora Maar in Empfang nahm. Ein mexikanischer Diplomat, den sie im Zug kennengelernt hätten, habe ihnen angeboten, mit ihm in seinem Abteil nach Paris zu reisen. Auf dieser Zugfahrt hätten sich Dora und Frida angefreundet. Beide waren sie mit großen Künstlern liiert, und beide sprachen sie Spanisch.

Jacqueline Lambas Biographin Martine Monteau vermutet dagegen, Dora Maar habe Jacqueline begleitet, als diese Frida mit ihrem Wagen in Le Havre abholte.

Als sie um 23 Uhr an der Gare Saint Lazare aus dem Zug steigt, ist Frida begeistert von der Größe des Bauwerks, fühlt sich aber noch leicht seekrank. Nach ein paar Metern stößt sie auf Spanisch einen Fluch aus beim Versuch, ihre tastenden Schritte zu kontrollieren; sie fürchtet, dass das vorsichtige Gehen ihr Humpeln noch betont, das sie immer zu verbergen versucht. Hinter ihr diskutieren Jacqueline und Dora und überwachen das Verladen der zwei großen Schrankkoffer auf einen Wagen.

André Breton kommt ihnen auf dem Bahnsteig entgegen, ruft Fridas Namen und wedelt dabei mit seiner gefalteten Zeitung. Er freut sich, sie wiederzusehen, und schließt sie in die Arme. Unter den Augen der beiden Frauen und des Gepäckträgers sehen sie sich freudig lächelnd an.

„Du wolltest, dass ich nach Paris komme, und jetzt schau, es ist so weit, ich bin da und ich werde sehr, sehr berühmt werden", sagt sie und dreht sich um die eigene Achse wie ein Modell, das bei einer Modenschau ein Kleid präsentiert. Die übrigen Reisenden bleiben stehen, die junge Frau mit dem intensiven Blick und dem olivfarbenen Teint hat ihre Neugier geweckt, sie trägt Blumen im geflochtenen Haar und ein traditionelles mexikanisches Gewand, das durch seine Buntheit ins Auge sticht an diesem Ort, wo alle in Grau, Schwarz, Beige oder Dunkelblau gekleidet sind. Ein paar bewundernde Pfiffe zaubern ein Lächeln auf Fridas Gesicht.

Das Taxi bringt sie zu den Bretons in die Rue Fontaine Nr. 42. André stößt das grüne Metallgitter auf, hinter dem sich ein langgezogener Hof befindet. An dessen Ende weist ein Haus, das aus lauter Künstlerateliers besteht, auf die andere Seite, zum Boulevard de Clichy.

Im zweiten Stock liegt die Wohnung der Bretons, sie besteht aus zwei Zimmern, die durch eine kleine Treppe verbunden sind. Frida amüsiert sich über die gesammelten Objekte, die sie entdeckt – es sind Hunderte: Beute von Flohmärkten, ozeanische Schilde, afrikanische Masken, Gemälde von Yves Tanguy, Joan Miró, Marcel Duchamp.

Julien Gracq beschreibt das Ganze in *Lesend schreiben* wie folgt: „Massen von Kunstobjekten, die allüberall an den Wänden hängen, haben den zur Verfügung stehenden Raum nach und nach schrumpfen lassen; man kann nur auf bestimmten Wegen laufen, die sich mit der Nutzung ergeben haben, und muss entlang der Route wie auf einem Waldweg Zweigen, Lianen und Dornen ausweichen."

Unmöglich, den Überseekoffer der Besucherin in diesem Durcheinander unterzubringen. Anfangs glaubt Frida, es handle sich um André Bretons Atelier. Dass der Ort, an dem er lebt, in der Nähe sei, eine Etage tiefer oder gegenüber. Jacqueline unterbricht diese Phantasien jäh, indem sie Frida ans hintere Ende des Zimmers führt, wo das kleine Bett der vierjährigen Tochter steht. „Du schläfst hier, und für Aube bauen wir ein Beistellbett nebenan."

Frida fängt an zu lachen: „Was ist das für eine Scheiße!"

Damit hat sie nicht gerechnet, dass man sie mit so wenig Aufwand empfängt, vor allem nicht nach ihrem jüngsten Aufenthalt in New York, wo sie die Königin der Künstlerszene war.

Das alles wiegt umso schwerer, als die Bretons im vorangegangenen Jahr bei Diego und Frida wie hochrangige Gäste empfangen worden waren. Die beiden sehr modernen Häuser, die der mexikanische Architekt und Muralist Juan O'Gorman in San Angel, dem gutbürgerlichen, parkähnlichen Viertel im Süden von Mexiko-Stadt entworfen hatte, hatten große Fenster und standen in einem üppigen Garten, der von einer Kakteenhecke eingefasst war. Der warme Duft von Eukalyptus lag in der Luft. Die Bretons hatten ein riesiges Zimmer für sich gehabt, und das Personal hatte ihnen zur Verfügung gestanden. Jacqueline erinnerte sich noch an die Indio-Frau, die im Garten die Mahlzeiten zubereitete.

Im Vergleich dazu ist der Empfang, den die Bretons ihr bereiten, desaströs, und Frida ist verärgert.

Einige Wochen nach ihrer Ankunft in Paris schreibt sie Nickolas Muray und zählt weitere Gründe zur

Klage auf: „Als ich ankam, waren die Bilder noch beim Zoll, weil dieses A...loch von Breton sich nicht die Mühe gemacht hatte, sie abzuholen ..."

In der Tat hat André Breton keinen Ort, an dem er die Werke ausstellen kann. Er hatte auf die Galerie Gradiva gezählt, um die er sich vor seiner Reise nach Mexiko gekümmert hatte, doch vergebens. „Wir werden eine andere Galerie finden", sagt er zu ihr in einem Ton, mit dem er zu verstehen gibt, dass er wichtigere Dinge zu tun hat. Frida ist außer sich. Und das umso mehr, als sie erfährt, dass ihre Bilder beim Zoll festhängen und dass er keine Zeit hatte, sich darum zu kümmern.

Die mangelnde Vorbereitung der Ausstellung und die Lässigkeit, die das Ehepaar Breton an den Tag legt, werfen allerhand Fragen auf. Unter welchen Umständen haben sich Frida und Breton in Mexiko kennengelernt, und warum hat Breton Frida vorgeschlagen, ein halbes Jahr später diese Ausstellung in Paris zu machen?

Die Bretons in Mexiko

Der Dichter und Essayist André Breton, weltweit bekannt als Gründungsmitglied der surrealistischen Bewegung und von seinen Kritikern herabwürdigend als „Papst des Surrealismus“ bezeichnet, engagierte sich in Frankreich sowohl für Kunst als auch für Politik, brachte zahlreiche Bücher, Ausstellungen und Konferenzen auf den Weg, doch trotz all seiner überbordenden Aktivitäten hatte er kein gesichertes und ausreichendes Einkommen. Daher kaufte und verkaufte er wie sein Freund Paul Éluard Werke primitiver Kunst. Nach seiner Heirat mit Jacqueline Lamba, seiner neuen, um 15 Jahre jüngeren Muse, und nach der Geburt der gemeinsamen Tochter Aube suchte er nach Möglichkeiten, sich finanziell abzusichern. Schon 1936 hatte er sich deshalb mit einer Bewerbung für einen Posten als Vortragsreisender ans Außenministerium gewandt. 1938 hatte ihm das Ministerium dann eine Serie von Vorträgen in Mexiko vorgeschlagen, in denen es um „Die französische Kunst vom 18. Jahrhundert bis heute" gehen sollte. Er hatte den Vorschlag angenommen, da der von ihm bewunderte Leo Trotzki (Lew Dawidowitsch) in Mexiko Zuflucht gefunden hatte. Er hoffte, ihn kennenzulernen und mit ihm einen Text über Kunst und Revolution zu verfassen. Trotzki, Gefährte Lenins und Gründer der Roten Armee, war, als Stalin ihm nach dem Leben trachtete, mit seiner Frau Natalja Sedowa von Diego Rivera aufgenommen worden, der sich seinerseits für die mexikanische Revolution des Präsidenten Lázaro Cárdenas engagierte.

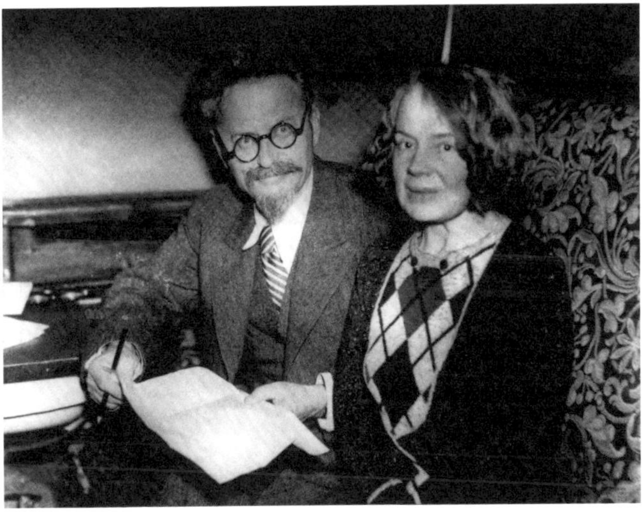

Leo Trotzki mit seiner zweiten Ehefrau, Natalja Sedowa, 1930er Jahre. Pressephoto

Am 18. April 1938 kamen die Bretons also mit dem Schiff in Veracruz an, voller Begeisterung, das Land zu entdecken, dem Stillstand in Paris und dem drohenden Krieg in Europa zu entkommen. Schnell mussten sie jedoch erkennen, dass die Botschaft nichts für sie vorbereitet hatte. Sie waren drauf und dran, das nächste Schiff zurück zu nehmen, als Diego auftauchte und sie einlud, die Zeit ihres Aufenthalts, also drei oder vier Monate, bei ihm zu verbringen – und Leo Trotzki wohnte ebenfalls bei ihm.

Frida Kahlo erwartete sie auf der Schwelle des Hauses in San Angel und hielt sich den Arm vors Gesicht, um sich gegen den Staub zu schützen, den die Reifen aufgewirbelt hatten. Ihr Blick fiel auf André Breton, der als Erster auf sie zukam und sich die Stirn mit einem Taschentuch abwischte. In seinem dunklen Anzug mit Krawatte und mit seiner Löwenmähne und der feierlichen Haltung hatte sie ihn schön gefunden. Er hatte gelächelt, hatte sich hinuntergebeugt, um ihr die Hand zu küssen, und sie hatte angesichts dieser etwas antiquierten Geste lachen müssen.

Über ihr traditionelles mexikanisches Gewand hinaus hatten ihn die Würde und die Kraft, die diese Frau verströmte, schlagartig berührt. Doch sie hatte den Blick schon abgewandt, um Jacqueline anzusehen, seine strahlende Frau mit dem wunderbaren Lächeln, dem milchig weißen Teint, den blonden Haaren, in denen sich das Licht fing, und dem körpernah geschnittenen Kleid. Die beiden Frauen hatten einander ganz natürlich und herzlich umarmt wie zwei langjährige Freundinnen bei einem Wiedersehen. Nachdem sie die Kakteenhecke durchschritten und das Haus entdeckt hatten, waren Jacqueline und André überwältigt gewesen: Inmitten des üppigen Gartens standen ultramoderne kubische Gebäude mit riesigen Fenstern. Diego hatte ihnen als Hausherr eine Führung gemacht: „Die Casa Grande in Rosa mit den großen Proportionen ist für den Mann, den Meister, und die Casa Chica, kleiner und blau, ist für die Frau, für Frida." Die versetzte ihm einen Fußtritt: „Verdammter Macho!" Diego scherzte weiter: „Wir besuchen uns über die kleine Brücke da oben." Jacqueline dachte: Das ist ja ein Traum, jeder hat unabhängig seinen Platz, und man trifft sich, wenn man Lust dazu hat.

Die Bretons trauten ihren Augen nicht: wie in einer Arche Noah lebten im Garten Tiere in Freiheit und mischten sich ins Leben der Künstler und ihrer Besucher – ein großer Ameisenbär, ein Klammeraffe, Hunde mit sehr kurzen Haaren (mexikanische Nackthunde genannt), ein Rehkitz, Katzen. Brunnen, aztekische Skulpturen und üppige Pflanzen vervollständigten das exotische Tableau, das Breton an die idealisierte Welt des von ihm verehrten Zöllners Rousseau erinnerte.

Frida verkörperte in seinen Augen das Ideal der surrealistischen Frau. In märchenhaft anmutende Kleider gehüllt, legte sie ein theatralisches Verhalten an den Tag, erregte mit ihrem Humor allgemeine Aufmerksamkeit und teilte ihre Meinung in einer ausgesuchten und provokanten Sprache mit, die bisweilen von Flüchen durchsetzt war. Sie war dunkelhaarig, von mittlerer Größe, hatte einen olivfarbenen Teint, dichte Augenbrauen und leuchtende schwarze Augen; je nach Tageslaune trug sie mehrere Armbänder, Ringe und Ketten mit wertvollen Steinen, präkolumbianische Schmuckstücke aus Gold und massivem Silber. Breton war fasziniert von ihrem Lächeln und dem verführerischen Blick, mit dem sie sorgfältig überwachte, wie sie auf ihren Gesprächspartner wirkte. Von ihr schien das Spiel der Verführung auszugehen. Doch wenn Diego dabei war, dessen Wutausbrüche alle fürchteten, wagte es Breton nicht, über das Maß des Schicklichen hinaus auf Fridas Plänkeleien einzugehen. Im Übrigen kam es vor, dass sie sich wie eine Katze zusammengerollt an Diego schmiegte und ihm eine Liebeserklärung machte, während sie gleichzeitig den Besucher anhimmelte – das machte die Annäherung schwierig. Frida schien zwar prinzipiell nicht abgeneigt, doch im Grunde ihres Herzens gehörte sie Diego.

Bretons Begeisterung für Frida schwoll noch erheblich an, als er im Atelier ihre Gemälde entdeckte. Das erste Bild, das er sah, war *Was mir das Wasser gab*, das gerade auf der Staffelei im Entstehen begriffen war. Seitlich lag auf einem Schemel eine Palette mit kreisförmig angeordneten frischen Farben, und in einigen Gläsern weichten die Pinsel ein. Breton hatte das Gefühl, Zeuge eines Akts zu werden, in dem Frida Kahlo ihr tiefstes Inneres enthüllte, als entdeckte er – plötzlich ohne sein Zutun zum Voyeur geworden – den Prozess, in dem sich die Bruchstücke von Fridas Persönlichkeit auf der Leinwand zu einer Vision bündeln. Dieses Gefühl traf sich mit einer blitzartigen Erkenntnis: Frida war eine essenziell surrealistische Malerin.

Nach Art von Hieronymus Boschs *Garten der Lüste*, einem Maler, den die Surrealisten sehr schätzten, hatte Frida auf dem Bild eine halbvolle Badewanne gemalt, in deren dunklem, halb durchscheinendem Wasser sich ein Dutzend kleine beunruhigende bis dramatische Szenen abspielte, die schmerzhafte Etappen ihres physischen und psychischen Lebens wiedergaben. Die Bandbreite der wild zusammengewürfelten Personen und Gegenstände war groß und entsprach keinerlei realen Gegebenheiten. Breton glaubte Verbindungen mit Salvador Dalís Malerei zu erkennen. Nach langem Nachdenken über das, was er gesehen hatte – sie hatte ihm noch einige weitere Bilder gezeigt –, verkündete er Frida beim Abendessen feierlich, dass sie eine surrealistische Künstlerin sei. Sie wehrte das scherzhaft ab, beunruhigt von einer derartigen Etikettierung in einer Phase, da sie noch nicht einmal sicher war, überhaupt durch und durch Künstlerin zu sein. Er versicherte ihr, ihre Art, ihre Träume wiederzugeben, sei fantastisch. Sie erwiderte, dass sie nicht ihre Träume, sondern ihre eigene Wirklichkeit male – doch er hörte ihr nicht zu. Als „Papst des Surrealismus" war er es, der die Entscheidungen traf, und in einem Anflug von Verlogenheit verkündete er, als rede er zu einem Kind, es sei durchaus möglich, dass sie Surrealistin sei, ohne es zu wissen. Um ihr gleich im Anschluss eine Ausstellung ihrer Werke vorzuschlagen, die nach ihrer New Yorker Schau bei Julien Lévy im November in seiner Pariser Galerie stattfinden könnte. Um die Sache festzuklopfen, redete er auf sie ein, dass ihre Bestimmung zur Surrealistin bereits angelegt sei, schließlich habe die Galerie Julien Lévy sie angesprochen, die auf Surrealisten wie Salvador Dalí, Man Ray und Max Ernst spezialisiert sei. Um seiner Überzeugung Nachdruck zu verleihen und die junge Frau in seinem surrealistischen Universum zu inthronisieren, schlug er ihr vor, dass er selbst den Text für ihren Ausstellungskatalog verfassen würde. Breton hatte eine Künstlerin entdeckt.

San Angel, 15. Juni 1938. Es hatte aufgehört zu regnen, die Sonne schien wieder und wärmte Pflanzen, Wände und Böden, aus denen leichter Dunst und der reichhaltige Duft von Erde, sich zersetzenden Pflanzen und Orchideen aufstiegen. Bei geöffneter gläserner Doppeltür zum Garten saßen Jacqueline und Frida zusammen und spielten „Cadavre exquis", das bei den Surrealisten sehr beliebte Gesellschaftsspiel, bei dem ein Satz oder eine Zeichnung von zwei oder mehr Personen erstellt wird, ohne dass der jeweilige Akteur den Spielbeitrag seiner Vorgänger kennt. Wenn sie unten auf der Seite angekommen waren, entfalteten die beiden jungen Frauen das Blatt ganz aufgeregt, um den Beitrag der Mitspielerin zu entdecken und zu erfahren, was ihr durch den Kopf ging. Tod und Sex waren die am häufigsten bemühten Themen, und das löste stürmisches

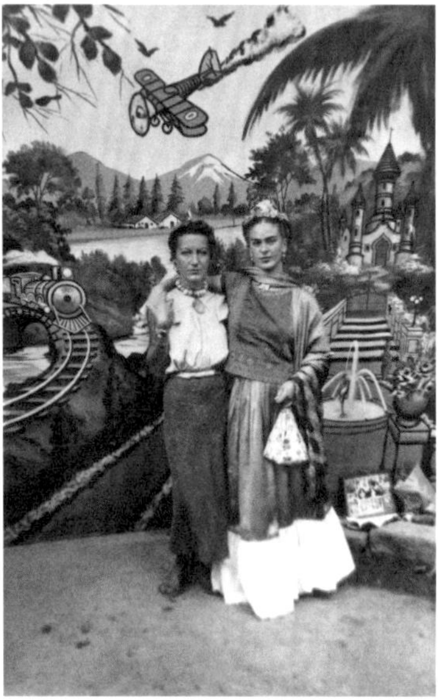

Jacqueline Lamba und Frida Kahlo, San Angel, Mexiko 1938

Gelächter aus. *Die Kruste ist salzig, der Knochen ist süß, dein Stachel bohrt tief und macht Falten in die verzierte Wäsche.* Sie waren Freundinnen geworden und verbrachten viel Zeit zusammen. Jacqueline, die ebenfalls Malerin war, tauschte sich mit Frida über die Kunst von Grünewald, Klee, Picasso, Piero della Francesca oder Giotto aus. Frida hatte sich für einen volkstümlichen Malstil entschieden, der von den Votivbildern ihrer Heimat beeinflusst war, teils, um Elitismus zu vermeiden, aber auch aus Bescheidenheit; Jacqueline hingegen war von Matisse und Picasso beeinflusst. Manchmal setzten sie ihre Gespräche nackt im Bett fort und machten sich an die Erkundung ihrer hübschen Körper. Frida spielte dann das kleine kapriziöse Mädchen, das nach Liebesbeweisen verlangt, und befeuerte damit Jacquelines Kreativität.

Von Martine Monteau, die mich während der Arbeit an ihrer Dissertation über Jacqueline Lamba freundlicherweise empfing, habe ich sehr viel erfahren. Sie erzählte mir, dass die Riveras spätabends mit ihren Gästen ausgingen, auf öffentliche Tanzveranstaltungen, zu Boxkämpfen, in den Zirkus, ins Kino oder zum Straßentheater, oder auch in El Salón México, eine sehr bunte Tanzbar, in der mexikanische Musik gespielt wurde. Frida blieb sitzen, weil ihr Bein sie am Tanzen hinderte, sie rauchte, trank Tequila, Cognac oder Bier und sah ihren Freunden beim Tanzen zu. Wie viele andere mexikanische Künstler, die bürgerliches Verhalten ablehnten, würzte sie ihre Sprache mit ureigenen deftigen Worten und unerwarteten Formulierungen, die ihre Umgebung in Begeisterung versetzten.

1937 hatten Frida Kahlo und Leo Trotzki einen Flirt gehabt, aus dem eine kurze amouröse Liaison wurde. Nachdem sie diese beendet hatte, verhielt sich Frida ihm gegenüber weiterhin wie eine Verführerin.

Sie nannte ihn *viejito*, Alterchen, und er zeigte sich demonstrativ galant, was zwischen den Ehepaaren zu Spannungen führte.

André Breton, unser Theoretiker des *hasard objectif*, liebte alles an Mexiko, die Farben, die Mischung aus spanischer und Indio-Kultur, die abwechslungsreichen Landschaften, den Todeskult, das Heidnische und das Religiöse, die präkolumbianischen Skulpturen, die volkstümlichen Objekte, die mexikanische Revolution, die Figur Zapata.

Und natürlich wurde, wie immer, wenn Breton glücklich war, der Surrealismus heraufbeschworen: „Ich begegnete dem surrealistischen Wesen Mexicos in seinem topographischen Aufbau, in seiner Flora, in seiner durch die Rassenmischung begründeten Dynamik wie schließlich auch in seinem hochgespannten Ehrgeiz."

Ihr mexikanischer Aufenthalt hatte etwas von mondänem Tourismus. Die Paare Breton und Trotzki durchquerten das Land gemeinsam mit Frida in großen schwarzen Autos und in Begleitung von Leibwächtern. So hatten sie Morelia, den See von Pátzcuaro und Guadalajara besucht. Diego schloss sich ihnen von Zeit zu Zeit an. Als sie nach Mexiko-Stadt zurückfuhren, waren die Kofferräume voller Erwerbungen, die die Bretons unterwegs gemacht hatten: Gemälde, grüne Fayencen aus Patamba, bemalte Tonmasken, Pfeifen, Amulette, Körbe, präkolumbianische Statuetten, Halsketten aus Jade. Trotzki, Breton und manchmal auch Diego diskutierten stundenlang über den Kommunismus, die Kunst, über Philosophie und Ästhetik. Frida interessierte sich nicht für die theoretischen Gesichtspunkte von Kunst und Politik. Sie fand den Dichter überhaupt zu intellektuell und prätentiös: „Was an Señor Breton langweilt, ist, dass er sich derart ernst nimmt!“ Während die Männer diskutierten, blieben Jacqueline und Frida, ohnehin ausgeschlossen, für sich und übten sich in surrealistischem Zeitvertreib mit Zeichnungen, Gesellschaftsspielen oder Spielen, wie Kinder sie spielen.

Mit einer riesigen Sammlung von Objekten im Gepäck bestiegen Jacqueline und André am 1. August 1938 in Veracruz die *Iberia* und beendeten damit ihre mexikanische Reise.

Frida und die Surrealisten

Durchs Fenster der Bibliothek Doucet sah ich den Tauben zu, die das Pantheon umkreisten, und wartete, dass mir der Bibliothekar die bestellten Dokumente aushändigte. In einem Ordner fand ich einen Brief, den mein Vater von Charles Ratton erhalten hatte, einem großen Sammler und Händler primitiver Kunst, mit dem er zusammenarbeitete, vor allem wenn es darum ging, in seiner Galerie Ausstellungen afrikanischer und surrealistischer Kunst vorzubereiten. Der Brief trägt das Datum 22. August 1938, wurde also drei Tage nach der Rückkehr der Bretons nach Frankreich geschrieben: „Wir fuhren mit Aube und Tanguy nach Boulogne, um auf die *Iberia* zu warten, mit der die Bretons zurückkamen. Sie sind begeistert von ihrer Reise und von Trotzki, außerdem haben sie unzählige Kisten voller Volkskunst mitgebracht, und wir haben beim Auspacken geholfen. André möchte daraus eine Ausstellung machen. Ich teile seine Bewunderung für die Objekte eher nicht und weiß nicht recht, was ich antworten soll, wenn er mich bittet, die Ausstellung in der Rue de Marignan zu zeigen. Einige Gemälde aus dem 19. Jahrhundert, mehr oder weniger naiv. Sehr wenige archäologische Objekte von ziemlich mittelmäßiger Qualität." Breton hatte Charles Ratton gegenüber offensichtlich nichts von Frida Kahlos Gemälden für das Ausstellungsprojekt erwähnt.

Seit Beginn der 1920er Jahre sammelt, kauft und verkauft Charles Ratton Kunstwerke aus Ozeanien und Afrika, Ausgrabungsgegenstände aus dem Orient und aus präkolumbianischer Zeit, Keramiken und Bronzen aus Fernost. Auch verleiht er Teile seiner Sammlung an Privatleute und Museen. Mein Vater hatte mir von ihm erzählt: „Er hatte als Händler im Bon Marché angefangen, er liebte Objekte und sah, was gut war und was nicht. Das trug ihm großen Respekt ein. Seine Galerie befand sich im Erdgeschoss der Rue de Marignan Nr. 14 und ging auf einen kleinen Garten hinaus. In seinen Sammlungen gab es viele Objekte, die ich dank meiner Erfahrung im ethnographischen Museum gut einschätzen konnte, vor allem afrikanische Stücke. Danach verschaffte ich mir schnell Einblick in präkolumbianische und andere Objekte. Wir waren nur zu zweit in der Galerie, meine Aufgabe war es, die Sammlungsstücke zu inventarisieren, sie photographieren zu lassen, Kunden zu empfangen und Ausstellungen aufzubauen."

Jede Woche organisierten sie mit den Surrealisten André Breton, Paul Éluard, Georges Hugnet und Man Ray ein Abendessen in der Galerie. Einige Monate nach seiner Rückkehr hat Breton Ratton vermutlich bei einem dieser Treffen gefragt, ob er die Ausstellung, die er zu Mexiko plante, in seiner Galerie zeigen dürfe. Der Händler hat ihn seine Zweifel an der künstlerischen Qualität bestimmter Objekte wohl spüren lassen und die Anfrage abgelehnt. Im Gegenzug hat er ihm vermutlich angeboten, einige schöne Stücke seiner Sammlung zur Verfügung zu stellen, um das Niveau der Ausstellung „anzuheben". Mein Vater musste sich um diese Leihgaben kümmern. Jetzt musste man nur noch eine Galerie ausfindig machen, die das Ganze zeigen würde.

Zu dieser Zeit wohnte mein Vater bei seiner Geliebten, Marie-Laure de Noailles, in deren Stadtpalais an der Place des États-Unis. Als Schriftstellerin, Malerin und steinreiche Alleinerbin unterstützt Marie-Laure die Surrealisten, aber auch Musiker wie Igor Strawinski und Georges Auric. Sie ist sehr modern eingestellt und fürchtet sich nicht davor, ihresgleichen durch ihre Extravaganzen zu schockieren. Sie hat sich in Hyères eine kubistische Villa bauen lassen und den Film *L'Âge d'Or* von Buñuel finanziert, der für einen Skandal sorgte, als er herauskam. Sie gibt große Feste, bei denen Mitglieder der Aristokratie auf Avantgarde-Künstler treffen. Claude Mauriac hat eine Szene aus dem Alltag bei Marie-Laure beschrieben: „Michel Petitjean nimmt mich mit zur Place des États-Unis, zu Marie-Laure de Noailles … Wir gingen in den Garten, der von Spiegeln umgeben war, milchiges Licht fiel durch die absinthgrünen Kastanienbäume. Man spielte das Portrait-Spiel: wenn das eine Bibelszene wäre, welche wäre das? Wenn es ein Ozean wäre? Und so weiter. Ein Spiel, bei dem jeder die Schätze seiner Feinsinnigkeit ausbreitet, die er oftmals als einziger zu würdigen weiß. Gegen Mitternacht trifft Gaston Bergery (ein linker Politiker) ein. Er beteiligt sich am Spiel. Und zwar hingebungsvoll und ebenso intelligent wie präzise. Bettina ist von frischer und spritziger Schönheit. Wenn sie eine Frucht wäre? Dann eine Pampelmuse. Als alkoholisches Getränk? Gin."

Aus Paris schreibt Frida Kahlo am 16. Februar an Nickolas Muray, dass Marcel Duchamp das Thema Galerie unverzüglich gelöst habe, sie beschreibt ihn als

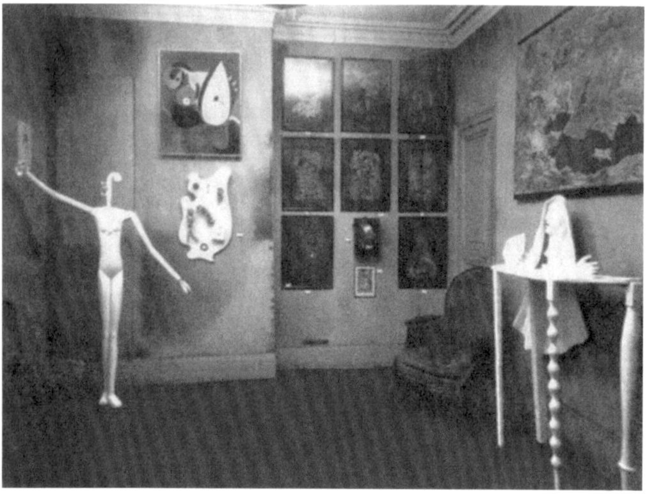

Surrealisten-Ausstellung in der Galerie Pierre Colle, 1933,
photographiert von Man Ray

einen wunderbaren Maler, ganz anders als diese „Surrealistenärsche". Versucht Frida, ihn als eine Art Helden darzustellen, ganz im Gegensatz zu Breton, den sie nicht mehr erträgt? Hat Duchamp die Galerie Renou et Colle direkt angesprochen? Wahrscheinlicher ist es, dass der Vorstoß erfolgreich war, weil Breton in Verbindung mit Charles Ratton direkt intervenierte. Pierre Colle hat schon mehrmals Surrealisten ausgestellt – Dalí, Picasso, Miró, Man Ray –, und er pflegt eine berufliche und freundschaftliche Beziehung mit André

Breton. Breton war es, der Pierre Colle dessen zukünftige Frau, Carmen Corcuera y Mier, vorstellte, Spross aus mexikanischem Großbürgertum und eine der Musen von Christian Dior.

Laut meinem Vater hat Carmen, die er gut kannte, ihm anvertraut, dass Pierre Colle die *Mexiko*-Ausstellung zu Ehren seiner Frau gezeigt habe.

Noch ein weiteres Thema, das zu Spannungen zwischen Frida und Breton führt, erwähnt sie in einem Brief an Nickolas Muray. Sie beklagt sich, dass Breton neben ihren Bildern mexikanische Portraits des 19. Jahrhunderts ausstellen will, außerdem 32 Photos von Álvarez Bravo und einige Volkskunst-Objekte. Und zu allem Überfluss leiht sich Breton auch noch 200 Dollar von ihr, um die alten Portraits restaurieren zu lassen, und bringt damit den Eröffnungstermin der Ausstellung in Gefahr.

Sie hatte damit gerechnet und sich gewünscht, eine Einzelausstellung zu erhalten wie bei Julien Levy in New York, was durchaus verständlich ist; den vermeintlichen Sinneswandel von Breton kann sie nur als Geringschätzung ihres Werks interpretieren.

Breton hat ein weiter gefasstes Projekt im Auge, will seine surrealistische Sicht von Mexiko zeigen. Frida wird dabei in eine Nebenrolle gedrängt und fühlt sich verraten und verlassen, zumal Diego weit weg ist und Nickolas ebenfalls, der sie immer als große Künstlerin betrachtete und ihr ein Gefühl von Sicherheit vermittelte. Sie fühlt sich herabgesetzt und beginnt ihrerseits, Breton und seine surrealistischen Freunde abzulehnen, die ihren Meister uneingeschränkt verehren; außerdem wirkt sich das alles auf ihre Wahrnehmung von Paris aus, was in den Briefen zum Ausdruck kommt. Sie erwägt, ihre Mitwirkung bei der Ausstellung zurückzuziehen, erinnert sich jedoch, dass Diego insistiert hatte, wie wichtig es für sie sei, in Paris auszustellen. Außerdem wollte sie die Reise nicht umsonst angetreten haben. Sie hätte Breton das Geld verweigern können, mit dem er die Bilder restaurieren ließ, aber da sie sich nun mal wider Willen auf eine Gemeinschaftsausstellung eingelassen hatte, sollte sie auch so schnell wie möglich über die Bühne gehen. Anhaltender Frust war vermutlich die Folge, und er überlagerte die positiven Aspekte ihres Pariser Aufenthalts.

Breton dagegen hat Frida möglicherweise wirklich im Unklaren gelassen, was er vorhatte: Die *Mexiko*-Ausstellung war selbst zu einem künstlerischen Projekt geworden, sehr persönlich und intim, eine seinem Konzept entsprechende Zusammenstellung von Elementen, die er als surrealistisch wertete. Fridas Gemälde waren nur ein Baustein, wenn auch der zentrale des gesamten Systems. Dennoch hatte sie weder bei der Auswahl noch bei der Hängung ihrer Bilder ein Wort mitzureden. Breton hoffte, die Gefühle, die ihn in Mexiko bewegt hatten, auf sein Publikum zu übertragen, indem er den Parisern eben diese Auswahl an Kunstwerken zeigte – für ihn war Mexiko als geographische, historische und die Phantasie beflügelnde Region der Inbegriff eines surrealistischen Ortes geworden. Seine Wahrnehmung von Mexiko und dessen Geschichte, die Erinnerung an die Ausflüge und wie er die Kunstgegenstände erworben hatte – alles sollte sich spiegeln in den gezeigten Werken und Objekten, ebenso wie die Spaziergänge mit Diego über die Märkte, die Gespräche mit dem Sammler Chucho Reyes Ferreira, einem Künstler und Händler naiv gemalter Altaraufsätze. Das Projekt *Mexiko* war die Summe all dieser Elemente und manifestierte sich in Form einer Ausstellung. Bretons Text „Erinnerungen an Mexiko", der im Mai 1939 in der Zeitschrift *Minotaure* erschien, lässt die exotischen, phantastischen und erotischen Eindrücke greifbar werden, die er vom Land und seinen Bewohnern mitgenommen hatte: „Rote Erde, jungfräuliche Erde, getränkt von feurigstem Blut, Erde, auf der das Menschenleben keinen Preis hat, allzeit bereit, sich in Leidenschaft und tödlicher Gefahr zu verzehren wie die allgegenwärtige Agave es in ihrer Blüte tut." Was er dort sieht und sah, bringt das zum Klingen, was er von Mexiko gesehen und über das Land gelesen hat, insbesondere als er *Costal l'Indien* las: „Ich habe unauslöschliche Eindrücke behalten von einem der ersten Werke, die ich noch als Kind gelesen hatte und die Rimbaud erwähnt, da er etwa im selben Alter darauf gestoßen war." Gabriel Ferry, der Autor von *Costal l'Indien*, beschreibt in seinem 1852 erschienenen Buch Szenen aus dem mexikanischen Unabhängigkeitskrieg. Er will das Land bekannt machen, denn er findet es gleichermaßen bizarr und pittoresk, empörend wegen seiner sozialen Ungerechtigkeit, gefährlich wegen der allgegenwärtigen Gewalt. Die Geschichten, die er nicht selten mit Humor würzt, sind turbulent und erschütternd. Er hat eine lebhafte Phantasie, die kleinsten Details sind sehr farbig und akribisch geschildert, sodass der Leser sich mitten im Geschehen wähnt: „Die halbnackten Gliedmaßen des Eingeborenen dampften noch wie die eines Rennpferdes. Doch der Zapoteke wartete nicht ab, dass die leichten Schwaden, die die kalte Nacht um ihn aufsteigen ließ, sich verflüchtigten. Schon hatte er wieder den zügigen Laufstil aufgenommen, der alle indianischen Rassen auszeichnet, und bald sah ich ihn am anderen Ende des Plateaus den entgegengesetzten Pfad hinablaufen. Wenige Minuten später hörte ich durch die bereits abnehmende Stille der Nacht die heiseren und vibrierenden Töne der Signalmuschel des indianischen Reisenden."

Breton schreibt in *Minotaure* voller Einfachheit und Bescheidenheit, die man sonst nicht von ihm kennt, einen Satz, der ihn mit Frida hätte versöhnen können: „Wer weiß, ob nicht das höchste literarische Ziel darin bestehen sollte, Abenteuerbücher für Kinder zu schreiben?"

Oscar meldet sich einige Monate nach unserem ersten Treffen wieder bei mir. Angela, eine seiner mexikanischen Freundinnen, eine Kunsthistorikerin, ist auf dem Weg nach Paris und möchte mich ebenfalls kennenlernen.

Wir treffen uns im Café Zimmer. Angela erzählt mir voller Begeisterung von Frida, die ihr wie ein Chamäleon erscheint, so wie sie sich an alle und alles anpasst und aus allem, was sie hört und liest, Anregungen für ihre Malerei zieht ... Eine Frage aber treibt die Wissenschaftlerin um: Frida bleibt gern in Kontakt mit den Menschen, die sie liebt oder geliebt hat. Sie schreibt unglaublich viel, und Angela wundert sich, dass sie meinem Vater nicht geschrieben hätte, denn auch wenn es eine kurze Beziehung gewesen zu sein scheint, so war sie doch intensiv – sonst hätte sie ihm nicht das Bild geschenkt …

Ich wiederhole, was ich schon zu Oscar gesagt habe: Ich habe keinen einzigen Brief von Frida in den Unterlagen meines Vaters gefunden. Vielleicht hat er die Briefe ja vernichtet, was mir, zugegeben, wenig wahrscheinlich vorkommt, oder sie sind bei einem Umzug verlorengegangen.

Das darauf folgende Schweigen bringt uns auf eine neue Interpretation: Vielleicht hatte die Beziehung doch keine Bedeutung für Frida. Als Angela meine Enttäuschung sieht, räumt sie ein, dass Frida nicht zwangsläufig über alles sprach, was ihr Liebesleben betraf. Bei manchen Gelegenheiten konnte sie regelrecht schamhaft reagieren und ein Gefühl oder eine Begebenheit, die sie berührt hatten, ganz für sich behalten. Sie war so eine vielschichtige Persönlichkeit, sagte sie.

Seit seiner Rückkehr aus Mexiko denkt André Breton viel über seine erste Begegnung mit Jacqueline vor fünf Jahren nach, über die Faszination, die er all die Jahre hindurch auf sie ausübte, und über ihre gemeinsame Liebe, die er von Tag zu Tag schwinden sieht. Er spürt eine bedrohliche Leere auf sich zukommen: ohne eine Liebe, die stärker ist als er selbst, ist er ein Nichts.

In der Rue Fontaine fanden Frida und Jacqueline schnell zu der Vertrautheit aus den gemeinsamen Tagen in Mexiko zurück. Frida zog Gewänder und Schmuckstücke aus ihrem Koffer, die sie als Gastgeschenke

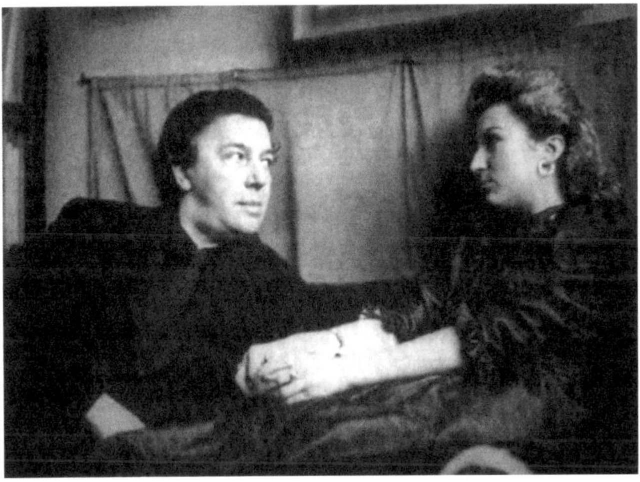

André Breton und Jaqueline Lamba in der Pariser Wohnung, Rue Fontaine 42, um 1938

mitgebracht hatte. Jacqueline entschied sich für ein Bustier und ein langes Kleid im Stil einer mexikanischen Tracht. Frida zieht ihr Hemd aus und legt sich mehrere Ketten um den Hals: aus Steinen, Ton und Metall. Während sie sich gegenseitig mit Komplimenten zu ihrer Eleganz und Schönheit bedenken, beginnt ein Austausch von Zärtlichkeiten, an Brüsten, Armen und im Gesicht. Lange Küsse folgen, zart und lustvoll zugleich. Es wird berichtet, dass André Breton dem Treiben mit Wonne zusah.

Der Tagesablauf bei den Bretons ist geregelt und ziemlich eintönig. Morgens pflegt André zu schreiben. Um Punkt zwölf Uhr isst er zu Mittag, meistens nimmt er eine Scheibe Schinken mit ein paar Erbsen zu sich. Um 18 Uhr überquert er den Boulevard de Clichy und geht ins Café Cyrano, wo ihn der Kreis seiner surrealistischen Freunde zum Aperitif trifft – Yves Tanguy, Benjamin Péret, Paul Éluard, Wolfgang Paalen … Zeugen zufolge ähneln diese Treffen Treuebekundungen gegenüber Breton. Man bespricht Strategien, diskutiert darüber, welche Häretiker auszuschließen seien, nimmt den Eifer des einen oder anderen wohlwollend zur Kenntnis. Man Ray, Georges Hugnet und Max Ernst haben die Bewegung bereits verlassen. Man trinkt Mandarinen-Curaçao oder Bier mit Picon und stellt nebenbei alle Aspekte des Lebens grundlegend in Frage: Politik, Poesie, Kunst, Liebe, Gesellschaft, Sexualität, Rationalismus, Freiheit. Die Treffen verlaufen lebhaft und ziehen sich in die Länge. Die übrigen Besucher des Cafés werden beobachtet, Details gewinnen plötzlich an Bedeutung, man befindet sich auf der Jagd nach dem Außergewöhnlichen im Alltagsleben. Tag für Tag wiederholt sich dieses selbe Ritual.

Ich stelle mir vor, wie Frida Kahlo, die nicht Französisch spricht, an diesen Diskussionen teilnimmt, in denen Neuankömmlinge gern auf die Probe gestellt werden. Doch der Charme der Mexikanerin verfehlt seine Wirkung nicht, zumindest nicht in den ersten Tagen. Alle drängen sich um sie, bestürmen sie mit Fragen, laden sie ein. Ihr origineller Kleidungsstil, gepaart mit unwiderstehlicher Intelligenz und mit Eleganz, provozieren schon Kommentare, obwohl noch keiner ihre Bilder zu Gesicht bekam. Frida, die immer und unbedingt gefallen will, badet förmlich in den Blicken der jungen Surrealisten und kommt voll auf ihre Kosten. Breton präsentiert sie seiner Entourage als surrealistische Malerin. Da kann sie noch so viel erklären, dass sie nur ihre eigene Wirklichkeit malt, dass sie keinerlei Kunsttheorie folgt, nur ihrer Wahrhaftigkeit und den daraus sich ergebenden Notwendigkeiten – ihre

Argumente werden nicht gehört, denn ihre Gesprächspartner sind trotz ihrer vermeintlichen Offenheit nicht in der Lage zu verstehen, dass sie anders ist als sie und ihre Ideen. Im Unterschied zu den Surrealisten ist sie nicht davon besessen, das Funktionieren der Gedanken zu erforschen, sie begnügt sich vielmehr damit, ihr Leben intensiv und ehrlich zu leben. Was das Thema Revolution angeht, ist sie der Meinung, man solle nicht nur darüber sprechen, sondern sie machen.

In diesem Zusammenhang schreibt sie am 16. Februar an Nickolas Muray: „Du kannst Dir nicht vorstellen, was diese Leute für Kanaillen sind. Ich könnte kotzen. Sie sind so verdammt ‚intellektuell' und mies, dass ich sie nicht länger ertragen kann. Es ist wirklich zu viel für mich. Lieber hocke ich mich auf den Markt von Toluca und verkaufe Tortillas, als etwas mit diesen schäbigen Pariser ‚Künstlern' zu tun zu haben."

Meist deutet Breton nach zwei Stunden im Café mit dem Finger auf diejenigen, die auserwählt sind, das Gespräch bei ihm zu Hause fortzusetzen. Eine kleine Gruppe von fünf oder sechs Personen überquert dann singend und untergehakt den Boulevard de Clichy in umgekehrter Richtung und begibt sich in die Rue Fontaine. Jeder sucht sich einen Platz und sitzt auf dem Boden oder auf Stühlen, und alle gehen auf die Wünsche des Meisters ein, der, je nach Augenblickslaune, Gesprächsthemen oder Spiele vorgibt: Cadavre exquis, das Portrait-Spiel, Stille Post (auch „arabisches Telefon“ genannt) oder auch das Spiel der Wahrheit, das darin besteht, demjenigen eine Strafe aufzuerlegen, der eine Frage nicht beantworten will. André Breton liebt dieses Spiel ganz besonders, da die Mitspieler oft, schutzlos wie sie sind, zwischen Schuldbekenntnis und Ausweichmanöver schwanken und tiefe Einblicke in ihr Inneres gewähren. Im Lauf eines dieser Abende lockt Breton Frida in die Falle. Sie soll ihr Alter angeben. Nachdem sie einen Augenblick gezögert hat, weigert sie sich: Offiziell ist sie 1907 geboren, zieht es jedoch vor, das Jahr der Revolution in Mexiko als ihr Geburtsjahr zu nennen, also 1910. Da sie nicht gehorcht, muss sie eine Strafe auf sich nehmen: *Zeig uns dein Liebesspiel mit einem Sessel*, verlangt Breton in feierlichem Tonfall. Muss man darin seinen Wunsch sehen, Fridas Vorstellung von sexueller Freiheit auf die Probe zu stellen? Denkt er an die Beziehung, die sie mit seiner Frau Jacqueline unterhält? Frida jedenfalls leistet dem Befehl Folge, setzt sich auf den Boden und beginnt den Sessel mit halb geöffnetem Mund zärtlich zu streicheln, die Augen in Verzückung weit aufgerissen, als handle es sich um den Körper eines Partners oder einer Partnerin. Fridas Biographen sind sich einig, dass dieser Augenblick im Gedächtnis aller Zeugen haften geblieben ist, aber tatsächlich hat niemand je im Detail erzählt, was sich an diesem Abend abgespielt hat. Wie gewohnt komplimentiert Breton, der Zigarettenrauch nicht erträgt, gegen 23 Uhr alle Gäste hinaus.

Auch wenn Frida sich nicht als Surrealistin betrachtet, so erkennt sie doch ganz klar den Vorteil, den es ihr bringt, dieser weltweit bekannten Bewegung zugerechnet zu werden. Daher begehrt sie nicht gegen Breton auf, der sie einerseits als Künstlerin anerkennt, andererseits aber wie seine Schülerin behandelt und ihr Ratschläge erteilt: Sie solle in den Louvre gehen, bestimmte Personen treffen und bestimmte Meinungen haben. Doch ihre Geduld kennt Grenzen – sie denkt darüber nach, sich eine neue Bleibe zu suchen. Umso mehr, als sie miterleben muss, wie sich ihre Gastgeber mehr und mehr auseinanderleben. Ganz ähnlich wie Frida ist auch Jacqueline eine junge, freiheitlich denkende Frau, voller Freude läuft sie barfuß tänzelnd durchs Atelier und raucht dabei. Doch tatsächlich beansprucht André den Raum für sich allein. Die Objekte primitiver Kunst, die er angehäuft hat, nehmen den gesamten Platz ein und ruinieren das Paar auch finanziell. Jacqueline traut sich nicht, ihre Staffelei aufzustellen, um zu malen, weil sie sich vor den Kommentaren ihres Mannes fürchtet.

Sie nimmt kleine Aufträge als Dekorateurin an, um ein wenig Geld zu verdienen, doch ihre Frustration wächst von Tag zu Tag und vergiftet die eheliche Atmosphäre. Wenn Frida die Streitereien miterlebt, ergreift sie Partei für Jacqueline. Die vertraut ihr an, dass eine Trennung tatsächlich kurz bevorsteht. Jacqueline ist schwanger aus Mexiko zurückgekehrt und wollte das Kind nicht behalten. Und Diego hat Frida, als sie aus Mexiko abreiste, verkündet, dass er die Scheidung wolle, da er ihre Eifersuchtsanfälle nicht mehr ertrage. Die Angst davor schlägt sich zusätzlich nieder in der Liste ihrer Gefühle von Unbehagen und Unruhe, die sie unverblümt in ihren Briefen zum Ausdruck bringt. Da heißt es also in vollen Zügen leben, um Depression und Entmutigung keinen Raum zu geben.

Mein Vater hat mir erzählt, dass er André Breton gut kannte, doch diese beiden Männer, so scheint es, waren nicht dafür geschaffen, sich zu verstehen. Auch wenn mein Vater die Bedeutung des surrealistischen

Gedankenguts anerkannte und die Bücher des Schriftstellers Breton schätzte, so mochte er ihn doch als Mensch nicht besonders. Er fand ihn zu dogmatisch, störte sich an der Art und Weise, wie er seine Anhänger – um nicht zu sagen: seine Freunde – kontrollierte und manipulierte. Wahrscheinlich empfand er in dem Punkt ähnlich wie Frida Kahlo. Vielleicht haben sie sich sogar gemeinsam über den *sterbenslangweiligen Oberlehrer mit der Löwenmähne* lustig gemacht.

Die wahren Freunde meines Vaters waren die abtrünnigen Surrealisten: Desnos, Leiris, Prévert, Hugnet, Dalí, Queneau. Manche von ihnen hatten 1924 bei der Arbeit an *Un cadavre* mitgewirkt, einer Publikation, in der sie humorvoll, aber auch schonungslos die „*Papologie*" Bretons anprangerten, ihn als einen lyrischen Scharlatan zwischen Polyp und Pfarrer brandmarkten. Sie warfen ihm vor, einerseits radikale surrealistische Taten zu predigen und andererseits das traurige, kleinbürgerliche Leben eines gewerbsmäßigen Intellektuellen zu führen.

Mein Vater wollte sich nicht vereinnahmen lassen, weder vom Militär noch von der Kirche, den Kommunisten oder Breton. Er verhielt sich wie eine Art Anarchist. Er war überall und nirgends, war auf seine Freundschaften angewiesen, ertrug aber keinerlei

Zwang. Ich stelle ihn mir wie einen Boxer vor, der seinen Gegner tänzelnd umkreist und sich dabei immer außerhalb von dessen Reichweite bewegt, allerdings aus reiner Seelengröße manche Risiken auf sich nimmt, eher spielerisch als zu seinem eigenen Nutzen.

Die Liebenden lernen einander kennen

Wie lange blieb Frida bei den Bretons? Oscar, der sich auf mexikanische Archive beruft, setzt drei Tage an. Martine forscht über Jacqueline Lamba und vermutet, dass es zwei bis drei Wochen waren. Wahrscheinlich ist irgendetwas dazwischen richtig, vielleicht acht Tage.

An einem leuchtenden, kühlen und trockenen Februarmorgen des Jahres 1939 steigt Frida, starr vor Kälte, am Haus Nummer 2, Place des Pyramides, nahe beim Louvre, vor dem Hotel Regina aus einem Taxi. Sie wendet sich um, um die bronzene Reiterstatue der Jeanne d'Arc anzusehen, die sich gegen den hellen Himmel abzeichnet, und lächelt. Die Silhouette dieser Frau, die wie ein Mann eine Ritterrüstung trägt und unerschrocken ihre Fahne schwenkt, lässt sie ihren Mut wiederfinden. Jacqueline ist schon im Begriff, durch die Drehtür ins Hotel zu eilen, als sie merkt, dass Frida nicht neben ihr ist, und sie geht zu ihr zurück. Frida ist versunken in die Betrachtung der goldenen Lettern mit dem Namen des Hotels auf der Fassade, der luxuriösen Wagen, die vorbeigleiten und Gäste absetzen oder aufnehmen. Sie umarmt Jacqueline und küsst sie – so glücklich ist sie, endlich angemessen zu wohnen! Wie ein Paar betreten die beiden Arm in Arm das Hotel. Um eingehakt bleiben zu können, nehmen sie den Seiteneingang statt der Drehtür, und der Portier hält ihnen die Tür mit einer Verbeugung auf. Als sie die große Halle mit dem Jugendstil-Dekor aus feinen Hölzern betreten, brechen sie in Lachen aus. „Wie schön es doch in Frankreich ist!", sagt Frida mit einem Hauch Ironie und sie begeben sich an die Bar, um sich einen morgendlichen Cognac zu genehmigen.

Das Zimmer dagegen enttäuscht sie ein wenig, es ist kleiner, als sie es sich vorgestellt hatte, dafür befindet es sich in der fünften Etage direkt unterm Dach und bietet nach vorn einen Ausblick auf die Place des Pyramides sowie nach links auf die Tuilerien. Nachdem Jacqueline gegangen ist, öffnet Frida ihren großen Schrankkoffer und beginnt ihre Kleider auf Bügel zu hängen. Erst dann stellt sie fest, dass es im Zimmer keinen Wasseranschluss gibt. Frida flucht. Die Franzosen sind wirklich das letzte, und die Körperpflege vernachlässigen sie obendrein! In egal welchem gleichwertigen Luxushotel in den Vereinigten Staaten verfügt jedes Zimmer über ein eigenes Bad, hier dagegen muss man sein Zimmer verlassen und ans andere Ende des Gangs laufen, um sich ein einziges, schäbiges Bad mit der Hälfte aller Mitbewohner der Etage zu teilen!

1979 hatte die amerikanische Kunsthistorikerin Nancy Deffebach ihre in Paris weilende Freundin Ruth Thorne-Thomsen gebeten, sich mit meinem Vater zu treffen und ihn an ihrer Stelle über das Gemälde *Das Herz* zu interviewen. Nun hat Nancy sehr freundlich auf eine E-Mail geantwortet, die ich ihr vor ein paar Monaten während meiner ersten Recherchen geschrieben hatte: „Ich komme gerade aus Peking zurück. Vielleicht habe ich die Kassette mit dem Interview noch, aber Sie müssen mir ein wenig Zeit lassen. Wie amüsant, dass Sie mit dem *Herz* an der Wand aufgewachsen sind."

Die Nachricht hat mich berührt. In gewisser Weise wurde die Kontinuität zwischen meinem Vater und mir durch sie *greifbar*. Diese Frau, die ihn in guter Erinnerung behalten hatte, war spontan bereit, mir das Ergebnis ihrer Arbeit zu überlassen. Andere Menschen, die ich im selben Zeitraum angesprochen hatte, antworteten zunächst positiv und sagten, sie erinnerten sich an meinen Vater als einen *charmanten Mann*, doch trotz mehrerer weiterer Kontaktversuche meinerseits haben sie dann nicht mehr geantwortet. Diese Spuren in die Vergangenheit müssen wohl als verloren betrachtet werden.

Einige Wochen später erreicht mich eine neue, begeisterte Nachricht von Nancy: „Ich habe die Aufnahme vom Gespräch mit Ihrem Vater wiedergefunden, ich werde sie digitalisieren lassen und Ihnen schicken." Der Nachricht liegt eine Abschrift des Gesprächs auf Englisch bei. „Ich hoffe, dass Ihnen dieses Material nützt, Ihr Vater war wirklich sehr großzügig, mir so viel Zeit zu schenken", endet ihre Nachricht.

Welch ein unerwartetes Geschenk! Das Gespräch gibt Aufschluss darüber, wie das Liebespaar seine gemeinsame Zeit verbrachte, wie mein Vater diese erstaunlichen Tage erlebte. Die Stimme meines Vaters hört sich ernst und gesetzt an, wenn er von seiner Jugend und seiner Romanze mit Frida Kahlo spricht, und während ich zuhöre, wird mir bewusst, welch große Bedeutung diese Begegnung für ihn hatte. Vor allem war er von Fridas natürlicher Vornehmheit beeindruckt.

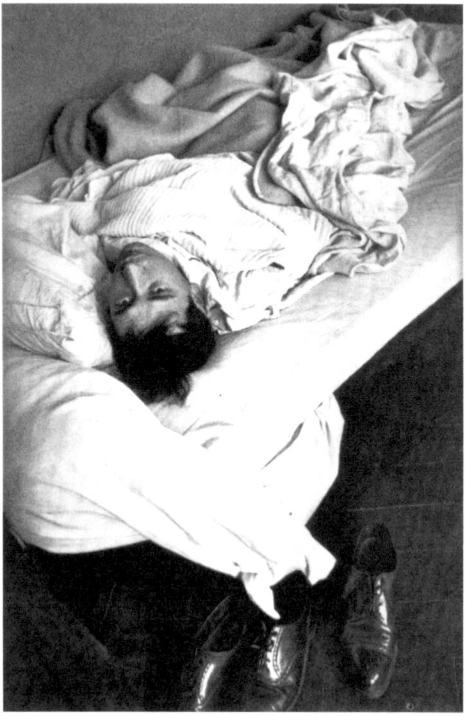

Der Galerist Pierre Colle, Paris 1932,
photographiert von Henri Cartier-Bresson

Wie kam es also zu ihrer Begegnung? Oscar behauptet, mein Vater sei Marcel Duchamps Assistent gewesen; Hayden Herrera sieht in ihm einen militanten Trotzkisten, und der Kunsthistoriker Salomon Grimberg spricht von ihm als dem Leiter der Galerie Renou et Colle.

Nancys Interview mit meinem Vater bringt Licht ins Dunkel: Pierre Colle wurde Frida Kahlo von André Breton vorgestellt … Und mein Vater koordinierte die Organisation der Ausstellung für die Galerie Colle unter der künstlerischen Verantwortung von André Breton und in Verbindung mit Charles Ratton, der leihweise präkolumbianische Objekte beisteuerte. Weder Breton noch mein Vater erwähnen, dass Marcel Duchamp eine Rolle spielte. Aber vielleicht hat er wirklich, wie Frida geschrieben hat, ihre Gemälde beim Zoll abgeholt.

Oscar dagegen glaubt, dass mein Vater selbst zum Zoll gegangen ist und die Gebühren bezahlt hat.

Mir fehlt es an Anhaltspunkten, um zu ermitteln, wie die Liebenden sich wirklich kennengelernt haben, doch ich will versuchen, die Szene unter Berücksichtigung der in Frage kommenden Orte und Situationen sowie der Persönlichkeiten der Protagonisten zu rekonstruieren: Nachdem das Taxi vor der Kirche Philippe-du-Roule vorbeigefahren ist, bleibt es in der Rue du faubourg Saint-Honoré Nummer 164 im achten Arrondissement stehen. Die Galerie Renou et Colle residiert in einem Gebäude aus der Ära Haussmann. Frida und Jacqueline betreten die schmale Galerie und durchqueren sie in voller Länge. Der Raum ist leer. Pierre Colle und mein Vater unterbrechen ihr Gespräch, als die Frauen auftauchen. Mein Vater geht ihnen entgegen und begrüßt Jacqueline mit einer Umarmung, nachdem sie das in Zeitungspapier eingeschlagene Paket, das sie mitgebracht hat, an der Wand abgestellt hat. „Das Bild, das noch fehlte", sagt sie.

Mein Vater reicht Frida die Hand, er stellt sich vor und sagt mit einem breiten Lächeln: „Ich bin entzückt, Sie kennenzulernen, Madame Rivera, ich habe viel von Ihnen gehört." Sie erwidert sein Lächeln: „Du kannst mich Frida Kahlo nennen, hier bin ich nicht Madame Rivera."

Seit sie in Paris angekommen ist, möchte sie ihre Autonomie als Künstlerin bewusst auskosten. Er antwortet auf Deutsch: „Frida Kahlo ist ein deutscher Name, oder? Sprechen Sie die Sprache?" Sie daraufhin, auf Englisch: „Hitler ist ein Schwein. Er misshandelt die Juden, er will Europa in Brand setzen und ein Blutbad anrichten! Ich möchte mit diesem Land und seinen Bewohnern nichts zu tun haben, ich bin Mexikanerin, sonst nichts … und ich bin stolz darauf."

Da sich der Gesprächsverlauf so unerwartet entwickelt, gibt mein Vater nun den Clown mit weit aufgerissenen Augen, er verschließt sich den Mund mit über Kreuz gelegten Zeigefingern, als könne er nicht sprechen. Da muss sie lachen. Was ihn dazu veranlasst, sein Spiel weiterzutreiben und auf eine Art Pantomime umzusteigen. Bei dem leichten Geplänkel fühlt sie sich wieder als sie selbst, denn die Kommunikation kann sich jederzeit in alle denkbaren Richtungen entwickeln und es geht um nichts weiter, als mit jemandem ein Vergnügen zu teilen, der offen ist und ihr seine ganze Aufmerksamkeit schenkt. Was ihr meinen Vater sympathisch macht, ist, dass er ganz anders ist als diese Surrealistenbande. Außerdem hat sie schon beim ersten Blickwechsel eine körperliche Anziehung gespürt. Er packt das kleine Bild aus, das Jacqueline mitgebracht hat, und betrachtet es aufmerksam mit ausgestreckten Armen. Es handelt sich um *Der Selbstmord der Dorothy Hale*, das Bild, das Frida während der Überfahrt gemalt hat, und sie weiß es zu schätzen, dass er es mit ungeteilter Aufmerksamkeit und in jeder Einzelheit zur Kenntnis nimmt. „Es ist wirklich sehr schön“, sagt er. Und dann blickt er ihr in die Augen und fügt hinzu: „Und Sie auch, Sie sind hinreißend.“ – „Danke. Das freut mich sehr.“ – „Sind Sie das, die da vom Haus stürzt?“ – „Nein, nein, eine amerikanische Schauspielerin. Sie hat sich umgebracht.“ – „Na, zum

Glück bist es nicht du! Du musst am Leben bleiben, Frida, wir haben uns doch eben erst kennengelernt, das wäre schade! …"

Auch er ist verzaubert. Und erzählt ihr im Vertrauen, dass Pierre Colles Kompagnon Maurice Renou die Bilder zunächst nicht zeigen wollte, weil er sie für zu persönlich hielt und Sorge hatte, das Publikum zu verschrecken. Dass aber nun alles geregelt sei. Er fügt hinzu, dass er ihre Werke sehr gern möge, weil sie so radikal, so ehrlich und so gerecht seien. Er sei ab sofort ihr Ansprechpartner für die Ausstellung. Wenn sie ein Problem oder Fragen habe, stehe er ihr mit Freuden zur Verfügung. Ehe sie mit Jacqueline die Galerie verlässt, wendet sich Frida noch einmal um, drückt ihre Lippen in ihre Handfläche und schickt eine Kusshand in seine Richtung. Ganz unbefangen, als würden sie sich bereits kennen und hätten ein Art Code zwischen Liebenden vereinbart, erwidert er ihren Kuss auf dieselbe Weise. So trennen sie sich, haben aber ohne Worte eine Vereinbarung getroffen, sich ganz bald wiederzusehen.

Frida befragt Breton zur Rolle von Maurice Renou. Was sie gehört hat, hat sie deprimiert und wütend gemacht. Was sie mit ihren Werken erschafft, ist keine Ware, wie Renou zu denken scheint, vielmehr zeigen die Bilder ihr Leben, das, was sie an Schmerzvollem durchlitten hat; es ist ihre Identität, die man sieht, und sie hat sich entschieden, sich der Welt auf diese Art zu zeigen. Wenn jemand sagt, die Bilder seien zu verstörend und daher nicht vorzeigbar, dann gilt das in dessen Augen auch für sie als Person.

Auch wenn sie findet, dass man sie nicht versteht, ist sie doch stolz, in der Galerie ausstellen zu dürfen, die Werke von Dalí, Wolfgang Paalen, Max Ernst gezeigt hat – *und von anderen Großmeistern des Surrealismus.*

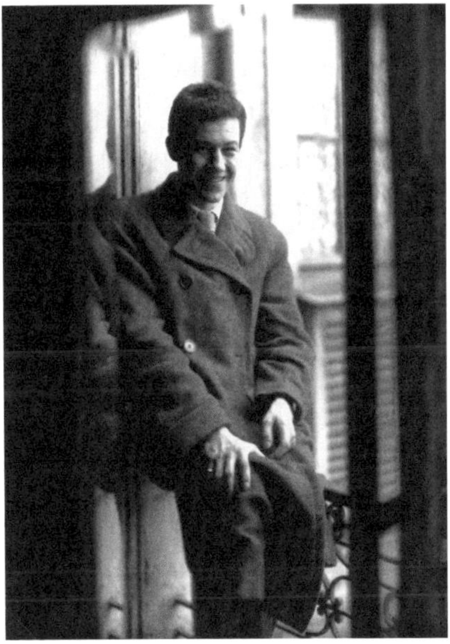

Michel Petitjean als junger Mann, 1930er Jahre

Ein Photo meines Vaters aus dieser Zeit – er ist etwa dreißig Jahre alt – zeigt einen gutaussehenden jungen Mann mit kurzen Haaren und einem hübschen Lächeln. Ein Ansatz von Schlitzaugen – wahrscheinlich ein genetisches Erbe des Hunneneinfalls in Frankreich – lässt sein Gesicht trotz der Kartoffelnase fein gezeichnet erscheinen. Die Art, wie er direkt in die Kamera blickt, zeigt, dass er sich seines Charmes bewusst ist. Er ist groß, schlank und trägt elegante englische Maßanzüge. Seine Schuhe kauft er bei Bunting.

Als Kind musste ich zu Beginn jedes Schuljahrs wie alle anderen auch einen Fragebogen ausfüllen, der Auskunft über meine Familie gab. Und jedes Mal brachte es mich in Bedrängnis – ich fürchtete mich geradezu davor –, die Frage nach dem „Beruf des Vaters" zu beantworten. Er hatte sich mit Werbung und Agrarpolitik beschäftigt, im Museum und als freier Journalist gearbeitet, aber das alles war ja nicht wirklich ein Beruf. Meine Kameraden hatten es da viel leichter, für sie war es klar, sie schrieben: Architekt, Arzt, Geschäftsmann, Arzthelfer, Maurer, Lehrer … Ich beneidete sie. Diese Ungewissheit trug zu dem leicht unscharfen Bild bei, das ich von meinem Vater hatte und das ich später dadurch auszugleichen versuchte, dass ich selbst mehrere Berufe erlernte, die technische Kenntnisse voraussetzten: Bühnenbildner, Photograph, Filmemacher …

Architekt wurde ich allerdings nicht, obwohl ich das eigentlich wollte.

Als ich mich daran setzte, *Das Herz* zu schreiben, glaubte ich, dass ich meinen Vater besser kennenlernen könnte, wenn ich mich in ihn als jungen Mann in der Zwischenkriegszeit hineinversetzen würde und herausbekäme, zu welchem Beruf er tendierte und was er gern machte. Hatte er überhaupt irgendeinen bestimmten Beruf erlernt? Sein Vater war Apotheker am Boulevard Saint-Michel und hatte ihn mit Paul Rivet bekannt gemacht. Der brachte ihn als Zwanzigjährigen im Ethnographischen Museum unter, wo er arbeitete, bis es 1936 geschlossen wurde. Parallel dazu studiert er Völkerkunde bei Marcel Mauss und geht aus einer Militärausbildung in Saint-Cyr als Unterleutnant hervor. Außerdem wird er „Agraringenieur" und arbeitet mit Georges Monnet für *Le Monde.* Ab 1936 ist er Geschäftsführer von Gaston Bergerys Zeitung *La Flèche,* wo er für landwirtschaftliche Themen zuständig ist, und gründet gemeinsam mit Henri Langlois die Cinémathèque française. Offensichtlich legt er es nicht darauf an, Karriere zu machen, sondern zieht es vor, ein abwechslungsreiches Leben unter Künstlern, Intellektuellen und bestimmten Politikern zu führen. Ich schließe daraus, dass es ihm vor allem wichtig war, im Austausch mit anderen Menschen zu sein, und dass es ihm weniger darauf ankam, selbst etwas zu schaffen.

Verschiedene Briefe und Notizen deuten darauf hin, dass er ab 1936 im Stadtpalais von Marie-Laure de Noailles an der Place des États-Unis wohnt – sein Wohnsitz ist jedoch die Galerie Charles Ratton in der Rue Marignan Nr. 14. Das ist auch seine Postadresse, allerdings wohnt er nicht dort. Er hat zudem sein Zimmer bei den Eltern in der Avenue des Gobelins Nr. 26 beibehalten und schläft ab und zu dort. Mit Charles Ratton arbeitet er regelmäßig zusammen, so hat er etwa bei den Ausstellungen der Surrealisten 1936 und 1938 mitgewirkt. Politisch engagiert er sich in Gaston Bergerys Front Commun (gegen den Faschismus) und bezeichnet sich selbst als Trotzkist. Seit 1934 trifft er sich mit den Surrealisten, die er *seine Familie* nennt, namentlich Robert Desnos, Benjamin Péret, Yves Tanguy, Salvador Dalí, Paul Éluard, René Crevel, Georges Hugnet, André Breton, Marcel Duchamp und Man Ray.

Sie alle und noch weitere Personen sind regelmäßig in den Salons von Marie-Laure de Noailles zu Gast, *dem* Treffpunkt von *tout-Paris*. Da er der Geliebte der Hausherrin ist, genießt er zu dieser Zeit eine privilegierte Stellung im Verhältnis zu den Surrealisten, die allesamt auf das Wohlwollen ihrer Mäzenin aus sind. Als er Frida kennenlernt, ist mein Vater, wie es scheint, mit allerlei Tätigkeiten, wie Abendeinladungen, Vernissagen, politischen Zusammenkünften, Sport und Herzensangelegenheiten, mehr als ausgelastet.

Als ich Kind war, beobachtete ich, wie mein Vater an manchen Sonntagnachmittagen vor sich hin zischelnd durchs Haus schnürte, dann schloss er sich stundenlang in seinem Arbeitszimmer ein. Man durfte ihn nicht stören. Meine Geschwister und ich fragten uns, was er wohl machte. Wir klebten förmlich an der Tür, um zu lauschen, hörten das Knirschen von Scharnieren und malten uns aus, wie er den alten hölzernen Sekretär mit seinen wertvollen Dokumenten öffnete.

Heute stelle ich mir vor, dass er bei diesen Gelegenheiten in seine Vorkriegserinnerungen abtauchte. Was mir wie eine Form von Depression vorkam, war vielleicht eher eine Art nostalgischer Spaziergang angesichts von Briefen, Photos und Gegenständen, die sein extravagantes früheres Leben heraufbeschworen. Er gab sich dem herrlichen Rausch der Begegnungen mit den größten Künstlern und Intellektuellen seiner Zeit hin, einer Phase seines Lebens, die von materieller Ungezwungenheit und der Sorglosigkeit der Jugend geprägt war.

Frida war auf Anraten ihrer New Yorker Freunde und Diegos im Hotel Regina abgestiegen, sie waren froh, sie in der Nähe des Louvre zu wissen, nahe bei den frühen Italienern, den Gemälden von Goya und Leonardo. Da sie nicht gut zu Fuß ist, sind die Museumsbesuche beschwerlich. Sie muss die Rue de Rivoli vom Hotel aus unter den Arkaden hochlaufen, das Museum durch den Haupteingang betreten, eine Treppenflucht nach oben in die große Galerie nehmen und den 120 Meter langen Saal durchqueren, um endlich vor die Gemälde zu gelangen, die sie interessieren. Manche Entdeckungen begeistern sie, insbesondere *Der Heilige Franziskus empfängt die Stigmata* (um 1295–1300) von Giotto; in den vier Episoden aus dem Leben des Heiligen glaubt sie Ähnlichkeiten mit den autobiographischen Elementen ihrer Malerei zu erkennen. *Die Jungfrau und das Kind* (1485) von Francesco Botticini berührt sie wegen der Qualität der Portraits. Andrea Mantegnas *Minerva vertreibt die Laster aus dem Garten der Tugend* (1502) findet sie lustig. Mein Vater, der sie bei diesen Besuchen begleitete, hatte ihr vorgeschlagen,

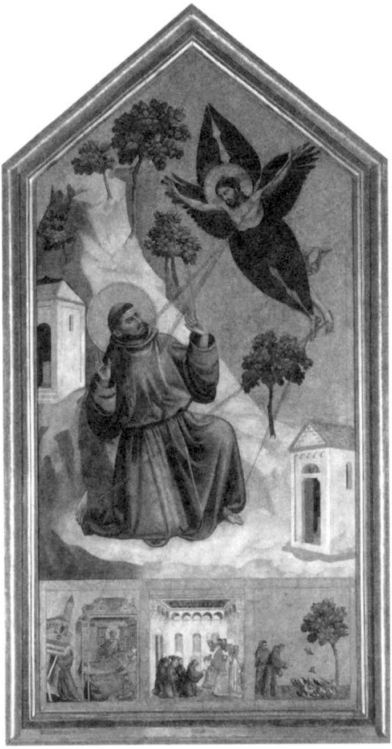

Giotto, *Der Heilige Franziskus empfängt die Stigmata*, Tempera auf Holz, 1295–1300, Louvre, Paris

einen Stock mitzunehmen. „Lieber leiden wie ein Hund als meine Behinderung zur Schau stellen“, antwortete sie ihm. Und so reichte er ihr seinen Arm als Stütze.

Ganze Tage lang geht Frida Kahlo ihren Briefwechsel mit Diego immer wieder von Neuem durch.

Es treibt sie schrecklich um, so weit von ihm entfernt zu sein, um den doch ihre ganze Existenz kreist.

Er dagegen besteht darauf, dass sie ihren Aufenthalt in Paris nutzen soll und alles, was sich ihr bietet. Er empfiehlt ihr, die Surrealisten freundlich zu behandeln und sich vor den „ausbeuterischen Franzosen“ zu hüten. Und wieder befolgt sie seine Empfehlungen und kommt dabei gar nicht auf die Idee, dass er sie von Mexiko fernhalten will, damit er sich seinen Eroberungen widmen kann, ohne ihre Eifersuchtsszenen erdulden zu müssen.

Ich stelle mir vor, dass Frida das Hotelzimmer als ruhig empfindet, zu ruhig. Sie verbringt dort lange Stunden, ohne etwas zu tun, sie wartet darauf, dass Jacqueline Lamba, mein Vater, Marcel Duchamp oder André Breton vorbeikommen, um sie auf einen Spaziergang, zu einer Vernissage oder zu einem Abendessen mitzunehmen. In die Laken auf ihrem Bett eingerollt hat sie *Das Bildnis des Dorian Gray* zu Ende gelesen, und sie schreibt eine Passage ab: „Ihr Maler seid wirklich seltsame Burschen! Um alles in der Welt versucht ihr euch einen Namen zu machen. Ist es euch aber gelungen, so setzt ihr alles daran, ihn wieder loszuwerden. Das ist töricht von dir, denn es gibt nur eine Sache in der Welt, die schlimmer ist, als im Gerede zu sein, nämlich die, daß niemand über einen redet.“

Mit der Zigarette im Mund sortiert sie den Inhalt ihres Koffers, legt die Kleider, die sie aus Mexiko mitgebracht hat, zur Seite, um sie den spanischen Flüchtlingen in den Lagern im Südwesten Frankreichs zukommen zu lassen.

Um sich in ihrer Einsamkeit einzurichten, hat sie all ihre Strümpfe gestopft, so, wie ihre Mutter es ihr beigebracht hat.

Oft blickt sie aus dem Fenster und merkt, wie die Zeit verstreicht, wie das Licht aus dem Tuileriengarten schwindet, oder sie studiert von oben die vergoldete Statue der Jeanne d'Arc. Jacqueline hat ihr die außergewöhnliche Geschichte dieser jungen Frau erzählt, von ihren drei Verwundungen auf dem Schlachtfeld. Der Pfeil, der Johanna in Orléans oberhalb der linken Brust durchbohrt hat, lässt Frida unvermittelt an ihr Gemälde *Das Herz* denken, in dem sie sich von der Metallstange im Autobus durchbohrt dargestellt hat. Die ganze Geschichte der Jeanne d'Arc bis zu ihrem tragischen Ende auf dem Scheiterhaufen legt nahe, ihrem Beispiel von Mut und Entschlossenheit zu folgen. Frida ist ihre Schwester.

Ehe sie ausgeht, richtet sie sich ausführlich her, wie eine Schauspielerin, die sich verwandelt, um der Figur, die sie auf der Bühne darstellen wird, Leben einzuhauchen. Die Wahl der Ringe und Halsketten gleicht einem Ritual. Sie hat ungefähr zwanzig Schmuckstücke lose in Stoffbeutel gepackt und mitgebracht – nun kombiniert sie sie ihrer Inspiration folgend. Das Make-up besteht darin, ihren Teint mittels einer Grundierung und anschließend mit Reismehl aufzuhellen. Zudem benutzt Frida einen sattroten Lippenstift, fast magentafarben, und ihre Briefe unterzeichnet sie mit einem Lippenabdruck in dieser Farbe. Das Frisieren stellt eine Übung in Selbstkontrolle und Geschicklichkeit dar, die sie mit höchster Konzentration vor dem Spiegel ausführt. Geduldig kämmt sie ihr langes schwarzes Haar, um es anschließend zu Zöpfen zu flechten; dabei verwendet sie schmale farbige Stoffbänder in Blau und Rot und flicht sie entweder in die Zöpfe mit ein oder setzt sie als Schleifen, wie man sie von Ostereiern kennt, obenauf; auch steckt sie sich Kämme mit falschen Steinen in die Haare. Das Ganze wird anschließend wie eine Art Knoten auf dem Kopf platziert, mal höher, mal tiefer, mal kleiner, mal größer. Und dieses Kunstwerk verziert sie zuletzt noch mit eingesteckten Blüten. Mein Vater nannte sie daher seinen *Maibaum.*

Sie hat einen ganzen Nachmittag im Nachthemd am Fenster verbracht, das beschlagene Glas mit dem Finger bemalt und mit sanfter Stimme ein mexikanisches Wiegenlied gesungen. Ein Haus, Gesichter, Bäume, ein Tier erscheinen nacheinander auf der Scheibe. Nach und nach wischt sie alles weg, spitzt dann die Lippen und haucht mit ihrem warmen Atem aus nächster Nähe das Glas an, damit sie etwas Neues malen kann. Müde geworden, hat sie sich schließlich auf den Boden gesetzt und kämmt voller Hingabe die langen Baumwollfransen der Sesselschabracke, so wie sie es als Kind bei ihren Eltern gemacht hat, wenn sie sich in ihre Welt zurückzog.

Eines der Bilder in der Pariser Ausstellung heißt *Mädchen mit Totenmaske I* (1938) und zeigt ein Kind von etwa vier Jahren, wahrscheinlich Frida in diesem Alter. Das kleine, barfüßige Mädchen in einem verblichenen roten Kleid versteckt sein Gesicht hinter einer Totenkopfmaske aus bemaltem Pappmaché, wie sie die Mexikaner beim Totenfest tragen: Die Verstorbenen werden dabei fröhlich mit Umzügen und makabren Inszenierungen gefeiert. Das Mädchen hält eine Tagetes in der Hand, wie man sie auf Gräber pflanzt. Zu seinen Füßen streckt eine abschreckende, holzgeschnitzte Tigermaske die Zunge heraus, wie Frida sie an den Wänden ihres Hauses in Mexiko aufgehängt hat. Den oberen Teil des Bildes dominieren Reste von blauem Himmel, auf dem ein Gewittersturm heranzieht. Und unten sieht man in der Ferne eine ebenfalls bläuliche, wüstenartige Bergkette. Der Boden ist karg, aber in warmen Farbtönen gehalten. Der Hintergrund in Form eines Abhangs bietet keinen Ausweg, nichts deutet an, dass sich die Situation des Kindes ändern könnte. Lebt es wirklich, ist es wirklich auf der Erde? Man denkt an Goyas *Prozession der Büßer* oder an James Ensors *Den Tod verspottende Masken*, aber wahrscheinlich stammt Fridas Inspiration eher aus der aztekischen Mythologie, und die Tigermaske stellt Mictlantecuhtli, den Gott des Todes, dar. In diesem mythologischen Universum ist Mictlan die Welt der Toten, der tiefstliegende Ort, die Unterwelt. Und zu den Ritualen gehörten auch Menschenopfer. Das kleine Mädchen würde demnach die „Herrin des Todes", die Frau von Mictlantecuhtli, darstellen. Nach aztekischem Glauben wurde sie nach ihrer Geburt in jungen Jahren geopfert. Das eröffnet mehrere Interpretationsmöglichkeiten: Entweder will Frida mit dem Werk zeigen, wie sie ihre Beziehung zu Diego empfindet, seinen Verrat mit ihrer Schwester Cristina, die wiederholte Untreue, ihr vielleicht baldiges Ende als Paar und die finale Auslöschung durch den Tod. Oder sie bezieht sich auf ein Drama ihrer Kindheit, das sie psychisch vernichtet hat. Doch vielleicht will sie auch vermitteln, dass Diego das Kind getötet hat, als das sie sich ihm gegenüber fühlt – ihm, dem Älteren, Maßlosen, Unerreichbaren, sowohl auf künstlerischer als auch auf der Gefühlsebene.

Erschreckend an diesem Bild ist, dass seine Schöpferin in der Verbindung zwischen der Welt des Kindes und der der Erwachsenen einen Unterton von Missbrauch, Vergewaltigung und einem düsteren Verbrechen zum Ausdruck bringt.

In diesem Gemälde findet Frida eine intensive Bildsprache, um Intimes abzubilden, das sie in Gedanken, Worten oder Geschriebenem unmöglich ansprechen kann.

Die Kraft der künstlerischen Mittel verstärkt das, worum es geht, und verrätselt es zugleich.

Der Spanische Bürgerkrieg

In den Interviews hat mein Vater erzählt, wann er seine erste Nacht mit Frida verbracht hat: „Ich erinnere mich, denn es war der Tag, an dem Barcelona fiel."

Es ist so kalt, dass ein wenig Raureif auf dem Pflaster, auf den Bäumen und im Tuileriengarten liegt. Frida hat sich vom Hotelpersonal einen langen Mantel ausgeliehen, den sie sich so um die Schultern gelegt hat, dass das Tehuana-Kleid darunter keine Knitterfalten bekommt. Im Weggehen hat sie mit Grandezza ein paar Blumen aus dem erlesenen Bouquet an der Rezeption stibitzt. Kaum sitzt sie im Taxi, in dem André Breton auf sie wartet, steckt sie sich die Blüten unter Zuhilfenahme des Beifahrerspiegels ins Haar. Breton macht ihr Komplimente, merkt aber an, dass die Blumen angesichts der Temperaturen vermutlich nicht lange halten werden. Sie ist guter Laune, raucht und summt ein Volkslied aus ihrer Heimat.

Das Taxi bringt sie an die Place des États-Unis Nr.

11, zu dem Stadtpalais aus dem ausgehenden 19. Jahrhundert, in dem Charles und Marie-Laure de Noailles residieren. Während sie die säulenumrahmte Marmortreppe emporsteigt, fühlt sie sich wie in einem Museum. Rundum sind die Wände mit historischen Werken bestückt: Portraits von Goyas Sohn und von seiner Schwiegertochter, ein Van Dyck-Portrait der Lady Anne Cavendish. Die Klassiker korrespondieren erstaunlich gut mit Werken von Max Ernst, Balthus, Paul Klee, Juan Gris oder einer Bronze der Venus Medici. Kurz danach durchquert Frida einen Salon, in dem ein Delacroix, ein De Chirico und ein Watteau hängen. Sie mag die Reichen aus Prinzip nicht, doch der gute Geschmack dieses Paares beeindruckt sie.

Sie treffen auf die anderen Gäste, die sich im kleinen Salon versammelt haben. Mein Vater, Charles Ratton und Yves Tanguy stehen mit angespannter Miene ganz nah am Radio. Als sie Frida und André eintreten sehen, berichtet ihnen mein Vater bestürzt: „Barcelona ist soeben gefallen, alles ist hin!" Frida macht ihrem Ärger spontan auf Spanisch Luft. Ein junger Mann versucht, Radio Barcelona einzustellen, auf 337,4. Zunächst ertönt ein Rauschen, dann verkündet eine martialische Stimme, von Militärmusik begleitet, dass der Sender in die Hände der Nationalisten gefallen ist.

In den Unterlagen meines Vaters fand ich ein Bristolpapier mit der Menüfolge eines Diners bei den Noailles. Ich kann nicht mit Sicherheit sagen, ob es sich um die Einladung vom 26. Januar 1939 handelt, aber das ist ja auch egal. An diesem Abend, oder an einem anderen, gab es Vorspeisenvariationen, gefüllte Pastete, eine Gemüse-Auswahl, Huhn in Gelee, Salat, Eis, Petits Fours, Obst, erlesene Weine, Champagner, Kaffee.

Höchstwahrscheinlich drehte sich das Gespräch ausschließlich um das Ende des Spanischen Bürgerkriegs, um die humanitäre Katastrophe, die die Flucht Hunderttausender Republikaner in Richtung Frankreich und andere Länder mit sich bringen würde. Und auch um das Ende der Hoffnung auf einen Aufstand der europäischen Völker. Der Faschismus griff überall um sich.

Ich habe mir noch einmal ein Gespräch mit meinem Vater angehört, das ich mitgeschnitten habe und in dem er von seiner Spanienreise für die Zeitung *La Flèche* im Jahr 1938 erzählte: „Ich fuhr nach Barcelona zum POUM-Prozess (Parti Ouvrier Unifié Marxiste, die Vereinigte Marxistische Arbeiterpartei mit trotzkistischer Ausrichtung), die Partei war vorsätzlich falsch angeklagt, Propaganda gegen die Russen und die Kommunisten gemacht zu haben. Bei uns in Paris fand eine große Versammlung in der Maison de la

Mutualité statt, bei der wir feststellten, dass keiner recht wusste, was dort unten geschah. Und so sagte man zu mir, ich solle doch einfach hinfahren, und ich habe mich freiwillig gemeldet. Ich sehe mich noch im Untergeschoss der Gare d'Orsay, von wo die Fernzüge losfuhren, auf dem Bahnsteig stehen. José Maria Sert gab mir im Auftrag aller möglichen Leute Päckchen mit. Als ich an der spanischen Grenze ankam, sollten mich seine Freunde mit dem Auto in Empfang nehmen, aber keiner war da, und so bin ich mit dem Zug weitergefahren. Der war total voll und wurde ständig bombardiert, es war ziemlich beängstigend. Sobald wir in einem Bahnhof anhielten, kletterten die Menschen zum Fenster herein. Schließlich saßen sie uns mitsamt ihrem Gepäck auf dem Schoß. Ganz in der Nähe von Barcelona explodierten Bomben, und so hielt der Zug vier Kilometer vor der Stadt. Wir mussten aussteigen und uns zu Fuß weiter durchschlagen. Ich hatte eine Tasche mit siebzig Kilo Lebensmitteln für die Freunde, die konnte ich unmöglich allein tragen. Ich habe mir also einen kräftigen Kerl geschnappt und ihm Geld gegeben, hab ihm einen Großteil meiner Päckchen aufgeladen und den Rest selbst getragen. Danach war es auch noch schrecklich kompliziert, ins Gericht zu kommen. José Maria Sert hatte mir aufgetragen, mich an Jaume Miratvitlles zu wenden, einen Schriftsteller, der Mitarbeiter des Propagandakommissariats im Bezirk Katalonien war. Jaume Miratvitlles hatte in zwei Filmen von Buñuel mitgewirkt, *Un chien andalou* und *L'âge d'or.* Ich rief ihn an, und als er hörte, dass ich vor Ort war, sagte er: ‚Du rührst dich nicht von der Stelle, ich schicke dir einen Wagen und eine Eskorte, du läufst mir nicht einfach so durch die Gegend.' Und so schleppte er mich überall mit hin, und immer standen bewaffnete Männer auf den Trittbrettern des Autos. Am Abend besuchten wir Tanzlokale, in denen sich Soldaten amüsierten. Ein bisschen was bekam ich trotzdem mit vom Prozess, aber nicht allzu viel. Nach ein paar Tagen hat Miratvitlles die Dinge so eingefädelt, dass niemand mitbekam, dass ich zurückfuhr. Er hat das mit meiner Abreise so gedeichselt, dass ich mit dem Auto zum Ende der Landepiste gefahren wurde. Dort würde das Flugzeug auf mich warten. Es würde keinerlei Formalitäten geben, ich sollte nur das Flugzeug besteigen. Das war lustig. Noch dazu waren die Piloten Freunde von Saint-Exupéry, sie arbeiteten für den Luftpostdienst mit Südamerika."

Die Geschichten meines Vaters über den Spanischen Bürgerkrieg bestehen aus Anekdoten, und was er bei seinen Erzählungen auslässt, lässt darauf schließen, dass er auch an Ereignissen beteiligt war, die einen gewissen Heldenmut verlangten. So glaubte ich immer, dass er auch gekämpft hat, doch in Wahrheit war er dreimal als Journalist mit Rechercheauftrag in Spanien. Nach dem Abendessen bei Marie-Laure setzte das Taxi Breton zu Hause ab und fuhr dann zum Hotel weiter. Frida ist traurig und wütend zugleich. Ihr Zustand wechselt zwischen Benommenheit und Weinanfällen und sie fleht meinen Vater an, etwas zu unternehmen: „Wir können nicht einfach zusehen, wie die Menschen massakriert werden." Er versucht sie zu beruhigen und streichelt sie, während er zu ihr spricht, aber nichts verfängt, der Schmerz ist zu gewaltig. Er wird durch alte Traumata verstärkt, die sich in diese Flut von Gefühlen mischen. Mein Vater nimmt ihren Kopf in seine Hände und küsst sie so lange, bis sie sich entspannt.

Der Spanische Bürgerkrieg beherrscht seit Jahren das Denken Fridas wie das meines Vaters, auch wenn sie ganz unterschiedliche Erfahrungen dazu gesammelt haben. Die Auseinandersetzungen in Spanien begannen am 16. Juli 1936. Frida verfolgt die Meldungen und beginnt sich ab Dezember 1936 ernsthaft zu engagieren, als eine spanische Milizionärsdelegation nach Mexiko kommt, um die Kameraden zu informie-

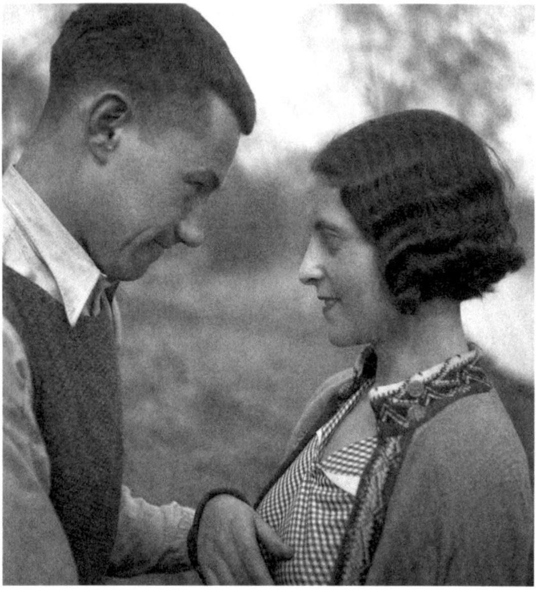

Michel Petitjean und Marie-Laure de Noailles, um 1936

ren, wie es um ihren Kampf gegen die Partisanen des General Franco steht. Sie versuchen Gelder zu sammeln, um das Volk sowie die Milizionäre und Soldaten aus dem republikanischen Lager zu unterstützen. Frida nimmt an den Versammlungen teil, sie ist bewegt von der Welle der Solidarität, die die Delegation bei den Arbeiterorganisationen in Mexiko ausgelöst hat, und vor allem auch davon, dass viele Arbeiter, auch wenn sie noch so arm sind, den kämpfenden Spaniern einen ganzen Tageslohn gespendet haben.

Mit Diego und weiteren Persönlichkeiten und Organisatoren der revolutionären Arbeiterbewegung des Landes gründet sie ein Komitee zum Sammeln von Hilfsgeldern. Sie ist Mitglied der „Außen"-Kommission, die Unterstützung aus dem Ausland anwirbt und schnell zur Tat schreitet, indem sie Freunde und Bekannte in den USA anspricht: Man bittet um Geld, um davon Milch, Nahrungsmittel, Kleidung für Tausende von Kindern zu kaufen, deren Eltern an der Front kämpfen. Seit dieser Zeit spricht Frida davon, dass sie nach Spanien reisen will. In ihren Augen spielt sich dort alles Wesentliche ab, die Zukunft der Welt ist bedroht von Hitler, Mussolini und Franco. Die Revolution muss in Spanien unbedingt den Sieg davontragen, und jeder muss etwas dazu beitragen, wo immer er ist. Doch als sie Anfang 1939 in Frankreich ankommt, ist alles zu Ende. Und damit ist auch ein Traum von Gerechtigkeit und menschlicher Solidarität geplatzt. Frida engagierte sich für moralische und ethische Werte, um dem Verfall ihres Körpers und ihrer Gefühlswelt etwas entgegenzusetzen. Als Mitstreiterin schuf sie ein Gegengewicht zu ihrer eigenen Zerbrechlichkeit.

Mein Vater seinerseits hatte sich bereits seit Beginn des Krieges für die Sache der Republikaner eingesetzt. Als

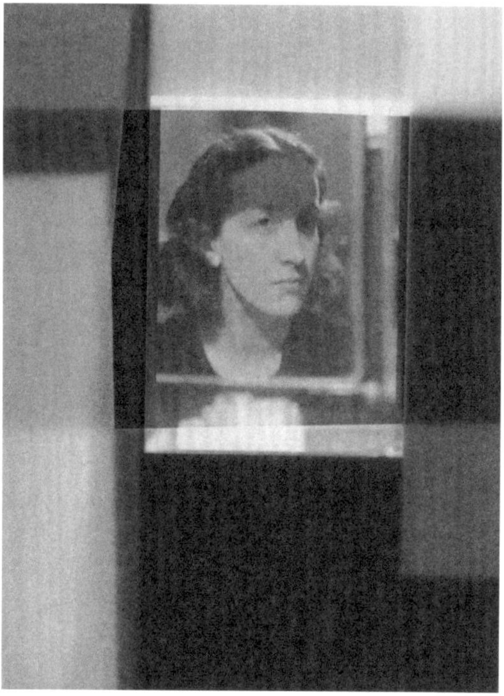

Marie-Laure de Noailles, 1938,
photographiert von Dora Maar

seine Affäre mit Marie-Laure de Noailles im April 1936 beginnt, bindet er sie in sein politisches Engagement ein. An seiner Seite entdeckt die Aristokratin und Ästhetin „das Proletariat". Ein paar Monate später, im Juli, als der Krieg ausbricht, beschließt mein Vater, den Republikanern in Spanien Waffen zu liefern, denn er hofft, auf diesem Weg das der Volksfront-

Regierung von der Rechten auferlegte Waffenembargo zu umgehen. Es ist ein haarsträubendes Abenteuer. Er überzeugt Marie-Laure, mitzufahren, und sie starten ganz früh am Morgen mit Limousine und Chauffeur, den Kofferraum voller Kisten mit Gewehren, Pistolen und Munition. Auf der Straße zwischen Angoulême und Bordeaux touchieren sie einen Lastwagen. Es ist nur ein leichter Auffahrunfall, aber sie haben große Angst, dass die Polizei auftaucht. Sie fahren weiter und treffen in Bordeaux den Sozialisten Georges Monnet, der gerade von der spanischen Grenze zurückkommt und ihnen davon abrät, dorthin zu fahren, denn „es kracht von allen Seiten“. Er nennt ihnen ein Versteck bei Biriatou, wo sie ihre Ladung deponieren können.

Politisches Engagement

Als ich zwanzig war – der Mai 1968 lag ein paar Jahre zurück –, begann ich mich zu fragen, wie das politische Engagement meines Vaters ausgesehen haben mochte. Er hatte mir wenig davon erzählt, aber ich wusste, dass es zu Beginn der 1930er Jahre eingesetzt hatte, als er in den antifaschistischen Ligen kämpfte. Er hatte damals den Abgeordneten Gaston Bergery kennengelernt, der für den linken Flügel der radikalen Partei stand, deren Kämpfer damals die „Jungen Türken“ genannt wurden. Mit ihm arbeitete er bis zu Kriegsbeginn zusammen. Sie wurden Freunde und verkehrten in denselben mondänen, intellektuellen und künstlerischen Kreisen. Bergery war achtzehn Jahre älter als er und eine Art Ersatzvater für ihn.

In den französischen politischen Parteien des linken Lagers herrschte großer Aufruhr wegen des Aufstiegs von Hitler, wegen des Faschismus und wegen des Kriegs, der ganz Europa in Brand zu setzen drohte. 1933 nahmen Bergery und mein Vater am Amsterdam-Pleyel-Kongress teil, der ersten Bewegung gegen Faschismus und Krieg; sie einte alle Parteien, linken Organisationen und Intellektuelle wie Paul Langevin, Albert Camus und Romain Rolland. Georges Monnet vertrat die sozialistische Partei und Henri Barbusse die Kommunisten. Als Ergebnis des Kongresses nannte sich die Liga, die die Parteien vereinte, Front commun. Mein Vater war mehr oder weniger zu ihrem Generalsekretär geworden. Doch die Kommunisten versuchten das Projekt zu unterwandern, und so flog alles auseinander: Monnet kehrte zur Sozialistischen Partei zurück, Barbusse zur Kommunistischen Partei, und Gaston Bergery gründete mit meinem Vater eine Bewegung, die zunächst den Namen Front commun behielt und sich dann in Front social umbenannte. Ihr gehörten Leute wie Souvarine, Victor Serge, André Gide, Robert Aron und Henri Jeanson an, die alle in Verbindung mit den trotzkistischen Kreisen der Vierten Internationale standen; das Presseorgan der Bewegung hieß *La Flèche* (*de Paris*).

Während der Demonstrationen gegen die extreme Rechte auf der Place de la Concorde im Februar 1934 trug mein Vater, wie er mir erzählte, eine Pistole bei sich, und es beeindruckte mich, dass er bereit war, sein Leben und das anderer für seine Ideen aufs Spiel zu setzen. Ein Ereignis kehrte in seinen Erzählungen immer wieder, es betraf den Internationalen Schriftstellerkongress von 1935. Die sowjetische Delegation hatte André Breton das Wort entzogen, was dazu führte, dass die Surrealisten sich endgültig weigerten, den Kommunisten weiter zu folgen. Breton und Péret hatten sich entschlossen Trotzki zugewandt.

Als André Gide 1936 aus der UdSSR zurückkam, hatte er ein Buch veröffentlicht, in dem er das Elend der Bürokratie, den falschen kollektiven Enthusiasmus und die zunehmende Entindividualisierung der Menschen anprangerte. Wie viele andere linke Sympathisanten war mein Vater den Kommunisten gegenüber misstrauisch geworden. Und dann hatten in Moskau auch noch die von Stalin zwischen 1936 und 1938 organisierten Prozesse stattgefunden, die zur Hinrichtung Tausender Menschen geführt hatten, von Generälen der Roten Armee, Akteuren der Oktoberrevolution und Parteigängern von Leo Trotzki, des großen Rivalen Stalins, den dieser 1929 aus der UdSSR vertrieben hatte.

Erschwerend war hinzugekommen, dass Moskau während des Spanischen Bürgerkriegs versucht hatte, die Macht unter den Republikanern an sich zu reißen, indem Anarchisten und Mitglieder der POUM eliminiert wurden. Aus all diesen Gründen betrachteten die linken Kämpfer die prosowjetischen französischen Kommunisten am Vorabend des Krieges im Jahr 1939 als ihre Feinde. Die Vierte Internationale, die Trotzki 1938 in Paris ausrief, sollte sich von Stalins Dritter Internationale in der UdSSR abheben und Millionen von Arbeitern weltweit vereinen, um eine internationale Revolution und die Befreiung der Arbeiterklasse zu erreichen. Mein Vater nannte sich Trotzkist, doch es war nicht so sehr das neue internationale Revolutionsprojekt, das ihn überzeugte, vielmehr wollte er gegen den sowjetischen Kommunismus klar Stellung beziehen. Im Zuge meiner Recherchen bin ich übrigens im Polizeiarchiv auf eine Akte mit seinem Namen gestoßen, in der steht, dass er sich laut polizeilichem Nachrichtendienst *vom Anhänger des trotzkistischen Sozialismus zum militanten Antikommunisten entwickelt* habe.

Andere Menschen haben das politische Engagement meines Vaters mit größerer Distanz und mit Amüsement beobachtet. Jean Hugo schrieb zum Zeitpunkt des Front populaire in sein Tagebuch: „Marie-Laure de Noailles teilt die Leute zu: Poulenc ist rechts, Auric ist links, Bérard ist rechts, auch wenn er Frankreich vielleicht verlassen wird. Michel Petitjean dagegen ist weder rechts noch links, er ist ein Front-

Mann." Und dann fügt er noch hinzu: „Es gibt drei Mitglieder der Front-Partei: Gaston Bergery, Michel Petitjean und Marie-Laure de Noailles."

Auf der anderen Seite des Atlantiks, in Mexiko, entspricht Frida Kahlos politischer Werdegang exakt dem von Diego Rivera. Als sie sich 1928 kennenlernen, ist sie Anhängerin der mexikanischen kommunistischen Partei – er ist seit 1921 Mitglied.

Präsident Lázaro Cárdenas, seit 1934 im Amt, bewirkt eine veritable soziale, wirtschaftliche und kulturelle Revolution in seinem Land, der sich Künstler und Intellektuelle anschließen, in vorderster Linie Diego und Frida. Um die Lebensbedingungen der Ärmsten zu verbessern, startet der Präsident eine ehrgeizige Agrarreform: die friedliche Verteilung von 18 Millionen Hektar Land auf achthunderttausend Kleinbauern auf der Basis von kollektivem Eigentum. Er verstaatlicht die Erdölindustrie und wirft zahlreiche ausländische Investoren aus dem Land. Schließlich begründet er ein umfangreiches Programm zur Alphabetisierung und reformiert das Bildungssystem von Grund auf.

Diego ist einer der offiziellen Maler der mexikanischen Revolution. Seine riesigen Wandfresken illustrieren den Klassenkampf und verherrlichen die Versöhnung zwischen den Eliten und dem Volk; zwischen Indios und Mexikanern, Spanisch- und Kreolischstämmigen. Auch wenn Frida nicht wie Diego an offiziellen kulturellen Programmen teilnimmt, die sich patriotischen Werten widmen, so definiert sie doch durch ihr sehr persönliches Werk eine nationale Identität für ein multikulturelles Mexiko. Für sie stellt die „Revolution“ in Mexiko zugleich Lebensinhalt und Lebensform dar, die sie verkörpert und verklärt.

1930 wird Diego Rivera aus der kommunistischen Partei Mexikos ausgeschlossen, da man ihm vorwirft, mit der Regierung zusammengearbeitet zu haben, als er einen Auftrag für den Nationalpalast annahm. Aus Solidarität verlässt auch Frida die Partei. Als Trotzki 1937 in Mexiko ankommt, lädt Diego ihn, seine Frau Natalja Sedowa und seine Eskorte ein, bei ihm zu wohnen. Unmittelbar danach schließen sich die Riveras der Vierten Internationale an. Davon angespornt schreibt Trotzki eine Lobeshymne auf Diegos Werk: „Diego Rivera wusste in den tiefsten Fasern seines Genies Mexikaner zu bleiben. Was ihn zu seinen großartigen Fresken inspirierte, was ihn über die künstlerische Tradition, über die zeitgenössische Kunst und in gewisser Weise über ihn selbst hinaushob, war der machtvolle Atem der proletarischen Revolution. Ohne die Oktoberereignisse hätte seine schöpferische Fähigkeit, mit der er das Arbeiter-Epos erfasste, hätte seine Hingabe an die Revolte niemals eine derartige Macht und Tiefe erreichen können. Wollt ihr mit eigenen Augen die geheimen Triebfedern der sozialen Revolution sehen? Seht euch die Fresken von Rivera an! Wollt ihr wissen, was revolutionäre Kunst ist? Seht euch die Fresken von Rivera an!“

International präsentiert sich Cárdenas als Antifaschist und beliefert die Republikaner seit Beginn des Spanischen Bürgerkriegs mit Waffen. Nach Beendigung des Krieges nimmt er vierzigtausend Flüchtlinge auf, auch solche, die nicht aus politischen Gründen kommen. Er ist es auch, der Leo Trotzki 1937 offiziell politisches Asyl und Polizeischutz anbietet.

Anlässlich seines Gesprächs mit Nancy Deffebach hatte mein Vater eingeräumt, wie bedeutend der Spanische Bürgerkrieg für Frida und ihn war. Alle beide waren sich der historischen Dimension dessen bewusst, was sie miterlebten, auch wenn die spanische Grenze weit entfernt lag – sie beide brachte es einander näher. Das Gefühl, etwas unternehmen zu müssen, schweißte sie zusammen, und das war es, was zählte, mehr als alle ideologischen Standpunkte.

Ehe sie sich auf den Weg zur internationalen Kommission für die Flüchtlingshilfe für Spanien machte, die an der Impasse Compoint Nr. 12, nahe der Place Clichy, untergebracht war, passte „Frida, das Chamäleon“ ihr Äußeres an – mit streng nach hinten frisierten Haaren und einem aufgerollten Zopf im Nacken. Ich sehe sie vor mir, wie sie an der Seite meines Vaters einen ziemlich großen Raum betritt, der seit 1937 das Informationsbüro der POUM ist; sie trägt einen dunklen Rock, eine weiße, einfache Bluse, wenig Schmuck und einen dunkelroten *Rebozo* um die Schultern. Der trotzkistische Verein hat Beziehungen in die Vereinigten Staaten und nach England und veröffentlicht ein internationales Nachrichtenblatt namens *Independent News*. Félicien Challaye, André Breton, Colette Audry und Marceau Pivert sitzen um einen Tisch und diskutieren. Lucien Weitz, aktives Mitglied des Vereins, begrüßt Frida sehr herzlich und bietet ihr einen kleinen Sessel an. Einen Jungen, der gerade Plakate sortiert, schickt er Kaffee holen. Als Benjamin Péret mit seiner Frau Remedios Varo eintrifft, wollen sie sich nur mit Frida unterhalten. Benjamin berichtet mit Leidenschaft von seinem Kampf in den Reihen der spanischen republikanischen Armee 1936, zunächst in den Kolonnen der POUM an der Irun-Front, später bei den Anarchisten der Durutti-Kolonne. Die drei unterhalten sich auf Spanisch. Da er nicht versteht, was sie sagen, entfernt sich mein Vater ein paar Schritte und betrachtet Frida aus der Distanz, sieht, wie sie sich begeistern kann und mit den anderen lacht. Zum ersten Mal beschleicht ihn ein Gefühl, als sei er ihr völlig fremd. Ihre Liebesnächte, wenn sie zusammen lachen oder sich an etwas freuen – all das scheint für sie nicht mehr Bedeutung zu haben als dieses Gespräch mit den Pérets. Normalerweise interessiert es ihn nicht besonders, was seine Geliebten treiben, wenn er nicht dabei ist. Wird er etwa eifersüchtig? Während er wie unbeteiligt den Raum durchquert und den Beginn der Versammlung abwartet, blättert er hie und da in verschiedenfarbigen Stapeln von Flugblättern. Den zweiseitigen Text, den Trotzki und Breton 1938 in Mexiko verfasst haben, hat er bereits gelesen. Er trägt den Titel *Für eine unabhängige revolutionäre Kunst* (und unterzeichnet haben ihn Diego Rivera und Breton). Mein Vater nimmt eines der Blätter zur Hand und überfliegt ein paar Zeilen: „Daraus folgt, dass die Kunst nicht, ohne ihren Verfall in Kauf zu nehmen, zustimmen kann, sich irgendeiner fremden Direktive zu beugen noch folgsam die Rahmenbedingungen zu erfüllen, die manche ihr in Hinblick auf extrem kurzsichtige pragmatische Ziele vorgeben zu können glauben."

Er legt das Blatt zurück und denkt bei sich, dass es doch sehr beunruhigend ist, wenn André Breton einen Text über die Kunst, auch wenn er revolutionären Inhalts ist, ausgerechnet zu einem Zeitpunkt propagiert, in dem Hitler einen Krieg anzettelt und Mussolini und Franco an den französischen Grenzen für Unruhe sorgen. Breton hat keine Ahnung, wo es langgeht! Mein Vater hat plötzlich das Schreckensbild eines unkontrollierbaren Zugs vor Augen, der mit rasender Geschwindigkeit übers Land jagt, während die Lokomotivführer mit den Passagieren Karten spielen ... Man wird vor die Wand fahren und keiner ist sich des Ausmaßes dessen bewusst, was vor sich geht.

Etwa vierzig Zuhörer haben sich vor den Tischen eingefunden, an denen die Mitglieder der Kommission und Frida Kahlo sitzen. Marceau Pivert, der Anführer der PSOP (Sozialistische Arbeiter- und Bauernpartei), ergreift das Wort: „Das spanische Volk wurde verraten, sowohl von den Regierenden als auch von den Stalinisten. Die proletarische Revolution gelingt nur, wenn die gesamte alte Maschinerie zerstört, die gesamte Zusammenarbeit der Klassen abgeschafft und alle Kommandohebel übernommen werden. ... Lasst euch nicht entmutigen, werdet Mitglied der PSOP und denkt an unsere oberste Maxime, den Aufruf von Karl Marx: *Arbeiter aller Länder, vereinigt euch.*"

Der Beifall ist so stark, dass sich mein Vater fragt, ob er dem Inhalt der Rede gilt oder der charismatischen Persönlichkeit Piverts. Und dann ergreift Frida das Wort auf Spanisch, während Remedios Varo übersetzt. Sie spricht von der Revolution in Mexiko, vom Plan, Gelder für die spanischen Flüchtlinge zu sammeln, von der Zusage des mexikanischen Staates, Flüchtlinge aufzunehmen. Ein Kämpfer, der von einem Besuch in den Camps im Südwesten zurückgekehrt ist, erzählt, wie Familien von der französischen Polizei rücksichtslos getrennt – Frauen und Kinder auf der einen Seite, die Männer auf der anderen – und in unterschiedliche Lager gebracht wurden. Er hat eine Liste von Flüchtlingen aus einem Lager bei Argelès mitgebracht, in der der Gesundheitszustand jedes einzelnen und die nötigen Hilfsmaßnahmen aufgelistet sind. Am Ende der Versammlung erarbeitet eine kleine Abordnung einen Plan für ein Flugblatt in Form einer Postkarte mit vier freigestellten Photos, auf denen evakuierte Verwundete, ein Kind auf Krücken, Flüchtlinge auf einer Landstraße zu sehen sind. Dazu der Text: „Sie fliehen vor der faschistischen Barbarei ... HELFT IHNEN.“ Frida unterschreibt mit dreißig weiteren Personen, darunter auch aktiven Kämpfern.

Im Internet habe ich weitere Schwarzweiß-Bilder vom Februar 1939 gefunden. Man erkennt darauf ungefähr dreißig Personen, die in der Rue Rochechouart um einen Lastwagen herumstehen. Das gräuliche Licht und die Kleidung der Menschen lassen darauf schließen, dass es früh am Morgen und kalt ist. Auf der Lastwagenplane hat jemand einen Schriftzug der Sozialistischen Arbeiter- und Bauernpartei angebracht. Der Lastwagen ist kurz davor, sich mit Kleidung und Lebensmitteln für die Flüchtlinge auf den Weg nach Perpignan zu machen. Vergeblich durchsuche ich die Menschenansammlung nach Frida und meinem Vater.

Mit der Zeit werden die Nachrichten über die Bedingungen, unter denen die Flüchtlinge leben, immer alarmierender. Am 17. März macht Frida Kahlo ihrer Verbitterung darüber in einem Brief an ihre New Yorker Freunde Wolfe Luft: „Diese erbärmlichen Franzosen haben sich gegenüber den Flüchtlingen wie Schweine verhalten; sie sind Dreckskerle von der schlimmsten Sorte, die ich je kennengelernt habe.

Diese ganzen verkommenen Leute in Europa widern mich an, diese jämmerlichen ‚Demokratien' sind keinen Pfifferling wert."

Um die dramatische Situation zu lindern, hat Frida Diego überzeugt, dass er ein Projekt zur offiziellen Aufnahme von vierhundert spanischen Flüchtlingen in Mexiko ins Leben ruft. Diego muss seine Beziehungen zu Präsident Cárdenas spielen lassen und sich in Mexiko um die Pässe kümmern, Frida in Europa die Finanzierung auf die Beine stellen, damit die Flüchtlinge mit dem Schiff reisen können. Sie hat meinen Vater um Hilfe gebeten. Der hat sich an seinen Mentor Gaston Bergery gewandt, der wiederum eine offizielle Anfrage bei der Abgeordnetenkammer gestellt hat. In einem Telegramm Fridas an ihren Mann in Mexiko taucht der Name meines Vaters auf. Es ist das einzige Mal, dass sein Name offiziell in Verbindung mit Frida Kahlo vorkommt: „Ich habe mich mit dem Abgeordneten Bergery angefreundet, und er schlägt mir vor, dass er alles Notwendige erledigt, damit Frankreich die Überfahrt der Spanier bezahlt. Schreib für die Transaktion direkt an Gaston Bergery bei der Abgeordnetenkammer oder an Michel Petitjean, Rue Marignan Nr. 14."

Nach Fridas Abreise bleibt mein Vater – wahrscheinlich, weil der Krieg ausbricht – ohne Antwort der Deputierten. Auch von Diegos Seite passiert nichts. Die mexikanischen Pässe der vierhundert Flüchtlinge wurden niemals ausgestellt, und das Projekt fiel ins Wasser.

Während Frida in Paris ist, rechnet Diego Rivera in Mexiko mit Trotzki ab. Er gibt vor, dass es im Zusammenhang mit einem Briefwechsel mit Breton ein Missverständnis gegeben habe, doch in Wahrheit rächt er sich an Trotzki für dessen Romanze mit seiner Frau, deren Zeuge er 1937 werden musste und die er nicht verarbeitet hat – er, der untreue Ehemann. Er fordert Trotzki auf, das Blaue Haus zu verlassen. Und sie befürwortet das.

Frida hat meinem Vater gestanden, dass sie Trotzki verabscheute. Sie betrachtete ihn als einen etwas widerlichen alten Trottel, der seine Hände nicht bei sich behalten konnte. Sie verabscheute nicht so sehr den Menschen an sich, sondern ihre persönliche Geschichte mit ihm. Voller Bewunderung für den Begründer der Roten Armee, den Aktivisten der Oktoberrevolution, den großen Historiker, hätte sie es ihrerseits wahrscheinlich bei einer platonischen Beziehung belassen; doch dann ging es ihr wie mit Diego, sie wurde missbraucht von jemandem, der für sie eine Vaterfigur, ein Führer, eine Bezugsperson war. Er wollte Sex und sie störte sich nicht daran, auch wenn es nicht das war, was sie wollte. Doch vielleicht war es ihr auf einer anderen Ebene auch ein mehr oder weniger bewusstes Bedürfnis, sich an Diego zu rächen.

Leiden

Hotel Regina, 2. Februar 1939, morgens: Frida liegt im Bett, gelähmt von Schmerzen. Sie hat die ganze Nacht keine Auge zugetan. Ihr Rücken brennt, und dazu hat sie hohes Fieber. Wie sie so allein im Dunkeln daliegt, versucht sie zu verstehen, woher dieses neue Übel kommt: sie stellt sich nacheinander jedes einzelne Organ ihres Körpers und die Struktur der Knochen vor und versucht sie mit den Symptomen in Verbindung zu bringen, die sie kennt oder von denen sie gehört hat – das Herz, die Leber, den Darm, die Nieren, die Wirbelsäule … Sie untersucht den Bauch, die Rippen, den Rücken mit beiden Händen und übt dabei leichten Druck aus. Dass sie die Ursache der Schmerzen nicht identifizieren kann, erschreckt sie. Sie verkrampft sich, und dadurch werden die Schmerzen noch schlimmer. Nach mehreren Stunden, in denen sie ausgestreckt liegt, hat das Bewusstsein, in einem höllischen, wiederkehrenden Zyklus eingeschlossen zu sein, zu einem Gefühl von Klaustrophobie und einer kurzen Panikattacke geführt. Sie schwitzt extrem und atmet hektisch, in kurzen Stößen, mit aufgerissenem Mund und brennenden Augen. Erst als sich totale Erschöpfung breitmacht, kann sie sich kurz von ihrer Angst lösen und Jacqueline anrufen.

Es ist acht Uhr morgens, als die Sanitäter des amerikanischen Krankenhauses das Hotel verlassen und Frida Kahlo in einem Rollstuhl zu einem Krankenwagen fahren, der auf dem für Taxis reservierten Stellplatz wartet. Mit würdevoller Miene und hoch erhobenem Kopf zeigt Frida allen Passanten, die sie sehen könnten – und das ist ihr wichtig –, dass ihr nichts fehlt, dass sie ruhig anderswo hinschauen können. Im Krankenwagen sitzt Jacqueline nahe bei ihr und hält ihr verliebt die Hand, während sie nach Neuilly fahren, und sie beschreibt ihr, was man sieht – die Rue de Rivoli, die Place de la Concorde, die Champs-Élysées, die Avenue de la Grande Armée. Sie versucht sie mit Abzählreimen zu zerstreuen. Als der Krankenwagen die Notfall-Auffahrt beim Boulevard Victor in Neuilly hinauffährt, hat Frida ihre Fröhlichkeit wiedergefunden und kann diesen im Verfall befindlichen Körper mit Humor betrachten, mit dem sie ihr Leben zubringen muss.

Das sechsstöckige Gebäude mit Ziegelfassade bildet einen ganzen Häuserblock, in dem einhundertzwanzig Betten stehen. Es entstand zu Beginn des zwanzigsten Jahrhunderts und soll den vielen gebürtigen Amerikanern, die in Frankreich wohnen oder auf der Durchreise sind, Zugang zu in den USA ausgebildeten Ärzten ermöglichen. Mitglieder von Königshäusern, Diplomaten, Künstler, Militärangehörige, Studenten und Geschäftsleute lassen sich in diesem Haus versorgen, dessen exzellenter Ruf über die Grenzen Frankreichs hinausreicht – er ist dem kompetenten, aufmerksamen, englischsprachigen Personal zu verdanken. Frida fühlt sich hier sehr schnell in Sicherheit. Nach verschiedenen Tests und einer Röntgenaufnahme diagnostizieren die Ärzte eine Niereninfektion. In ihren Briefen inszeniert Frida ihre Krankheit unterschiedlich, je nachdem, an wen sie schreibt. In ihrem Schreiben an Muray vom 27. Februar macht sie sehr ungerecht die Bretons für ihre Krankheit verantwortlich – sie behauptet, deren Wohnung sei schmutzig und sie achteten nicht auf Hygiene beim Essen. In ihrem Brief an Bertram und Ella Wolfe vom 17. März schlägt sie einen humorvollen Ton an und vergleicht die Kolibakterien, die sich in ihren Organen verstecken, mit bombenwerfenden Anarchisten. Diego gegenüber erwähnt sie gar nichts, denn sie will ihn nicht beunruhigen.

Wie in ihren Bildern spürt Frida auch im Leben ein essenzielles Bedürfnis, die Stationen ihres persönlichen Kreuzweges aufzuspüren und ohne Scham zu benennen.

Eines Nachmittags liegt sie nackt, mit offenen Haaren, auf dem Rücken in ihrem Hotelzimmer, einen Arm unter den Kopf geschoben. Mein Vater sitzt neben ihr am Bettrand und betrachtet sie. Ihre Antwort auf seinen Blick: „Ich bin hässlich, eine Katastrophe auf zwei Beinen, mein Leben verläuft so, als hätte ich nie auf die Welt kommen sollen."

Anschließend gibt sie ihm, mit Humor gewürzt, eine topographische Beschreibung der geschädigten Zonen ihres Körpers und zeigt dabei mit dem Finger auf ihre Narben: „Als ich elf war, fiel mir ein Stück Holz auf den Fuß, davon bekam ich diese verdammte Polio und habe nun so ein schmächtiges und zu kurzes Bein. In der Schule haben sie mich ‚Klumpfuß' und ‚Hinkebein' genannt – ich habe mich zu Tode geschämt und hätte sie umbringen können, all diese kleinen Schweinehunde, die sich über mich lustig gemacht haben! Danach wurde ich mehrfach operiert an diesem Fuß, und jedes Mal zog sich die Heilung monatelang hin. Schau, drei Zehen hat man mir abgenommen. Letztes Jahr in New York hatte ich dann ein Geschwür am Fuß und obendrein noch große Hühneraugen an der Fußsohle – die Hölle! –, ich konnte nicht mehr laufen! … Mit achtzehn hatte ich dann einen Unfall. Eine Trambahn hat den Bus gerammt, in dem ich saß. Das endete damit, dass ich nackt war, so wie jetzt hier, und über und über mit einem goldenen Puder bedeckt, das ein Passagier mit sich geführt hatte. Ein Metallstab hatte meinen Körper durchbohrt, er hatte mich hier hinten am Rücken aufgespießt." Sie dreht sich um, um ihm die Narbe an der linken Hüfte zu zeigen. „Und hier, zwischen meinen Beinen, ist er wieder herausgekommen."

Der Unfall hatte Wirbelbrüche, einen Beckenbruch und eine Fraktur im rechten Fuß zur Folge. Die Unterleibsverletzung durch den Eisenstab führte zu einer akuten Bauchfellentzündung. Frida musste monatelang ein Gipskorsett tragen. Ihr Allgemeinzustand verbesserte sich nicht im Lauf der Jahre, und sie musste sich zahlreichen schmerzhaften chirurgischen Eingriffen unterziehen, nach denen sie dann jeweils lange lag und sich nicht bewegen konnte. Außerdem klagte sie bis zu ihrem Lebensende über chronische Müdigkeit und Schmerzen in Rücken, Beinen und Füßen.

Mein Vater ging wahrscheinlich einfühlsam um mit Fridas Leiden und mit ihrer Behinderung. Er hatte mir auch mit viel Gefühl und großer Empathie von seiner zwei Jahre älteren Schwester Thérèse erzählt, die an Tuberkulose erkrankt war und Blut spuckte. Die Eltern waren im Theater, als er eines Abends an ihrem Bett Wache hielt und sie in seinen Armen starb. Da war er fünfzehn.

Außerdem hatte er mir erzählt, dass er, als er 1945 aus der deutschen Gefangenschaft heimkehrte, bei Freunden in Fontainebleau wohnte, um wieder zu Kräften zu kommen. Eines Tages wurde er dort Zeuge eines der Übergriffe gegen Frauen, die verdächtigt wurden, „mit Deutschen geschlafen zu haben". Drei Frauen, leichenblass und mit gesenkten Köpfen, wurden herumgeschubst und beleidigt, man hatte sie geschoren, und ihre Haare lagen auf dem Boden. Mein Vater, empört darüber, was man den Frauen antat, war eingeschritten. Das Mitgefühl in seiner Stimme, als er mir die Geschichte erzählte – ich war ungefähr zwölf –, hat mich tief beeindruckt.

Seither war mir bewusst, dass er immer auf Seiten der Frauen war, ob es darum ging, ihre Würde zu verteidigen oder ihr Leiden zu lindern. Vielleicht war er auch aus diesem Grund so empfänglich für die schmerzhaften Prüfungen, die Frida Kahlo zu erdulden hatte.

In seinen Briefen erwies er sich ihr gegenüber als Beschützer: „Ich hoffe, dass es Dir besser geht und Du gut auf Dich aufpasst", „Pass auf Dich auf" und, nachdem sie in die USA gefahren war: „Ich mache mir solche Sorgen, dass Du noch mal Probleme wie in Paris hast und noch mal so leiden und zittern musst wie ein Espenlaubblättchen."

Schon als sie noch ganz klein war, merkte Frida – wie alle kleinen Kinder –, dass sich ihre Eltern, Schwestern und Freunde um sie kümmerten, wenn sie krank war, dass sie sie ihre Zuneigung spüren ließen und ihr Geschenke machten; das verschaffte ihr das Gefühl, zu leben, geliebt zu werden und der Mittelpunkt der Welt zu sein. In der Folge hat sie dieses System von Zuwendung durch Krankheit reichlich genutzt, um gegen ihre Depression anzugehen, gegen das Gefühl innerer Leere, gegen den chronischen Schmerz und auch, um ihre narzisstischen Bedürfnisse zu stillen.

Der Trambahnunfall hat ihr Lebensgefühl verändert: „Jetzt lebe ich in einem schmerzvollen Planeten, durchsichtig wie Eis; aber es ist, wie wenn ich alles auf einmal innerhalb einer Sekunde gelernt hätte. […] … heute ist alles mild und klar. Ich weiß, dass nichts dahinterliegt; wenn da etwas wäre, würde ich es jetzt erkennen."

Das Leiden hat somit eine neue Dimension ihrer Persönlichkeit hervorgebracht, und als es Frida gelang, es unter Kontrolle zu bekommen, wurde es mit der Zeit zu einer neuen Daseinsberechtigung.

Nach dem Unfall, als sie monatelang bewegungslos ans Bett gefesselt ist, beschließt sie zu malen, um sich die Zeit zu vertreiben. Von ihrem Vater hat sie Ölfarben, und ihre Mutter baut ihr über dem Bett eine spezielle Staffelei, mit der sie im Liegen malen kann. Später lässt sie sich einen Spiegel montieren, um Selbstportraits zu schaffen. Die Malerei hilft ihr, das Leiden auf eine höhere Ebene zu heben. Sie drückt aus, was sie fühlt, was sie erlebt und woher alles kommt. Doch schon vor dem Unfall waren ihre beruflichen Zukunftspläne in eine Richtung gegangen, die sowohl die Medizin als auch die Kunst betrafen, denn sie hatte vor, Medizin zu studieren und Illustratorin für medizinisch-histologische Abbildungen zu werden. Schon in der Schule hatte sie sich im Biologieunterricht für Anatomie begeistert, das einzige Fach, in dem sie wirklich mitarbeitete. Künftig wird sie ihr Leiden, ihre Krankheiten, ihre Obsessionen mithilfe der Malerei in Szene setzen, und auch mithilfe ihrer Texte und ihres Lebens.

Der amerikanische Kunsthistoriker und Psychiater Salomon Grimberg regt in einem Artikel, den ich in den Unterlagen meines Vaters fand, an, das Gemälde *Das Herz* im Hinblick auf die Transverberation der heiligen Teresa von Ávila zu interpretieren: „Das Herz wird vom Pfeil der göttlichen Liebe durchbohrt." Dieses mystische Bild sei für Frida eine Erinnerung an ihre Kindheit oder auch ein imaginierter Antrieb, um über ihren Schmerz hinauszuwachsen. Das Bild zeige die Gründe für ihr Leiden ebenso wie die Möglichkeit, in der Liebe Gottes Trost zu finden, für Frida bezeichne das die therapeutische Dimension ihrer künstlerischen Praxis. Die beiden Engel auf den Enden der Eisenstange, die ihre Brust durchbohrt, erinnern an die Engel auf einem Bild, das der Sammlung des Frida Kahlo-Museums in Mexico-City gehört.

Die Autobiographie der Heiligen vermittelt eine Vorstellung von ihrem Leiden und der damit verbundenen mystischen Lust: „Ich sah in seiner Hand eine lange Goldlanze, an deren Spitze man ein kleines Feuer wahrzunehmen glaubte. Mir schien, als ließe man sie von Zeit zu Zeit mein Herz durchbohren und bis ins Innere meiner Eingeweide vordringen; wenn er sie zurückzog, schien es mir, als zöge die Lanze meine Organe mit sich und hinterließe in mir ein Feuer und eine große Liebe zu Gott. Der Schmerz war so enorm, dass ich stöhnte; und dennoch war dieser exzessive Schmerz von einer solchen Süße, dass ich nicht in der Lage war, mich davon befreit wünschen zu wollen. Die Seele findet in solchen Momenten nur in Gott allein ihre Erfüllung. Der Schmerz ist nicht körperlich, sondern spirituell, auch wenn der Körper daran teilhat. Es ist eine so süße, liebevolle Zärtlichkeit, die die Seele von Gott erfährt, dass ich Gott in Seiner Güte bitte, sie denjenigen erfahren zu lassen, der vielleicht glaubt, dass ich lüge."

Das Herz vereint in konzentrierter Form die wesentlichen Charakteristika von Frida Kahlos Kunst und ihrer Biographie: Intimität, Identität, physisches und psychisches Leiden, Bezüge zur mexikanischen Kultur und zur Kunstgeschichte.

Mein Vater, der viel reist, schickt ihr ins Krankenhaus eine Postkarte, auf der eine Kapelle in den Bergen oberhalb der Côte d'Azur abgebildet ist. Das Photo

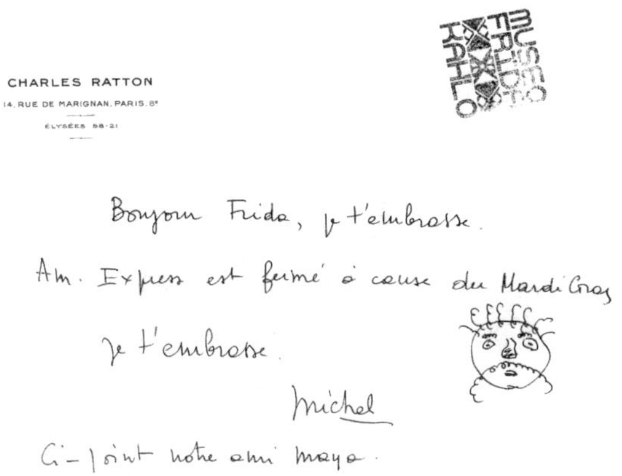
CHARLES RATTON
14, RUE DE MARIGNAN, PARIS 8e
ÉLYSÉES 98-21

Bonjour Frida, je t'embrasse.
Am. Express est fermé à cause du Mardi Gras
je t'embrasse.
Michel
Ci-joint notre ami maya.

Postkarte von Michel an Frida, Februar 1939
Aus dem Archiv des Frida Kahlo-Museums, Mexiko

ist von Baruzzi-Ostal und die Karte datiert vom 19. Februar: „Guten Tag, Frida, hier siehst Du, wie schön diese Landschaft ist, die Sonne scheint, die Mandelbäume blühen und ich bin sicher, dass Dir all das sehr gut gefällt, es ist so schön wie in Mexiko. Ich hoffe, es geht Dir besser und Du passt gut auf Dich auf. Ich freue mich, Dich morgen zu sehen. Einstweilen sende ich Dir einen Kuss. Michel."

Eine andere Karte meines Vaters mit dem Briefkopf von Charles Ratton enthält eine kleine Zeichnung: „Guten Tag, Frida, ich küsse Dich. American Express ist wegen Mardi Gras geschlossen. Ich küsse Dich. Michel."

Der Fastnachtsdienstag fällt 1939 auf den 21. Februar. Die Karte hat mein Vater also zwei Tage vor Fridas Entlassung aus der Klinik geschrieben, und ihr Inhalt bezieht sich wahrscheinlich auf eine Überweisung Diegos für die Krankenhauskosten. Pablo Picasso, Dora Maar, Jacqueline Lamba, André Breton, mein Vater und die Duchamps haben Frida häufig in der Klinik besucht.

Picasso hatte Diego im Rahmen von dessen Parisaufenthalt zwischen 1910 und 1920 kennengelernt. Da er wusste, dass Frida in der Hauptstadt war, hatte er sie mehrfach getroffen und ihr als Zeichen der Freundschaft ein Paar Schildpatt-Ohrringe geschenkt, die kleine Hände darstellten. Und einmal hatte er ihr gemeinsam mit Dora Maar eine spanische Ballade beigebracht, *El Heurfano, Das Waisenkind*:

Ich bin ein einsames Waisenkind.
Was immer passiert, man findet mich überall.
Ich bin ein und dieselbe Person, jung und alt
zugleich.
Ich hatte weder Vater noch Mutter.
Mich hat man in den Tiefen finden müssen
wie einen Fisch
oder vom Himmel gefallen wie einen Stein.

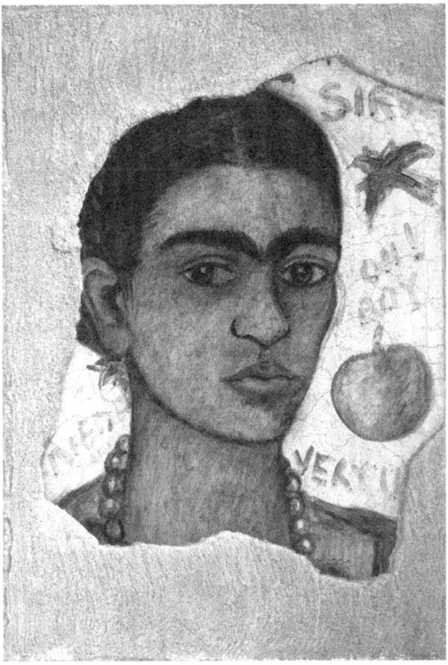

Frida Kahlo, Selbstbildnis „very ugly", 1933, Fresko

Dieses sehr ergreifende Lied steht zutiefst im Einklang mit Fridas Gefühlen von Einsamkeit und Verzweiflung. Die traurige und monotone Musik verfing bei ihr, und sie hat sie Diego und ihren Freunden oft vorgesungen, als sie zurück in Mexiko war.

In Gegenwart von Krankheit und Leiden ist auch der Tod niemals fern. Frida wendet ihre gesamte Energie auf, um ihn zu bannen, sie betrinkt sich häufig, pflegt Liebschaften mit oder ohne Zukunft, stürzt sich in die

Politik, doch sie weiß, dass der Tod auf sie lauert und sie nicht aus seinen Klauen lassen wird. Diese Sorge wird auch in einem ihrer Selbstportraits sichtbar, *Sehr hässliches Selbstportrait*, von 1933. Diego Rivera hatte ihr geraten, sich im Malen von Fresken zu erproben, und dieses Bild ist das Ergebnis ihrer Bemühungen. Enttäuscht warf sie es weg, doch ihre Freundin Lucienne Bloch hat es gerettet. Das Gemälde erinnert an die Fayum-Portraits aus der griechisch-römischen Besiedelungsepoche Ägyptens. Diese Gemälde auf Holz bildeten die Verstorbenen sehr realistisch ab. Sie wurden auf die einbalsamierten Mumien gelegt. Der Maler führte das Bild noch zu Lebzeiten der betreffenden Person aus.

„Doch diese Personen arbeiteten, als sie beide noch am Leben waren, an der Aufgabe, sich auf den Tod vorzubereiten, eine Aufgabe, die das Überleben sichern sollte. Malen, das hieß benennen und benannt zu werden, es war der Garant für Kontinuität."

Jean-Christophe Bailly äußert in *L'Apostrophe muette* die Vermutung, dass die Bilder zu Lebzeiten der Personen im Haus ausgestellt und erst später an ihren Mumien befestigt und in Gräbern eingeschlossen wurden.

Frida Kahlo hat etwa vierzig Selbstportraits geschaffen, die alle sehr feierlich wirken. Und man kann sich die Frage stellen, ob diese Bilder, dem Geist der Fayum-Kultur entsprechend, nicht die Funktion haben, das Leben der Künstlerin zu feiern, die auf den Tod wartet. Frida fixiert mit ihrem Blick wie abwesend den Betrachter und zeigt dabei ein unerschrockenes Gesicht. Und auch wenn sie sich in einem Gemälde zusammen mit anderen narrativen Elementen in Szene setzt, ändert sich dieser Ausdruck nicht. Sie scheint ihrem eigenen Tod beizuwohnen, voller Lebensenergie, Kreativität und auch mit einem Teil Resignation.

Das Gemälde *Henry Ford Hospital* (1932) wurde in der *Mexiko*-Ausstellung der Galerie Renou et Colle gezeigt. Man sieht im Zentrum ein perspektivisch dargestelltes, schwebendes Bett, darauf Frida Kahlo, nackt, mit schwangerem Bauch in einer Blutlache liegend. In der linken Hand hält sie nahe beim Bauch drei rote Fäden – Arterien, die sechs ebenfalls schwerelose und symmetrisch angeordnete Objekte miteinander verbinden, drei oberhalb und drei unterhalb des Bettes: von links nach rechts ein Anatomie-Torso, ein Fötus in der Haltung einer archaischen Skulptur, eine Schnecke als Symbol für die Langsamkeit, mit der sich Frida der

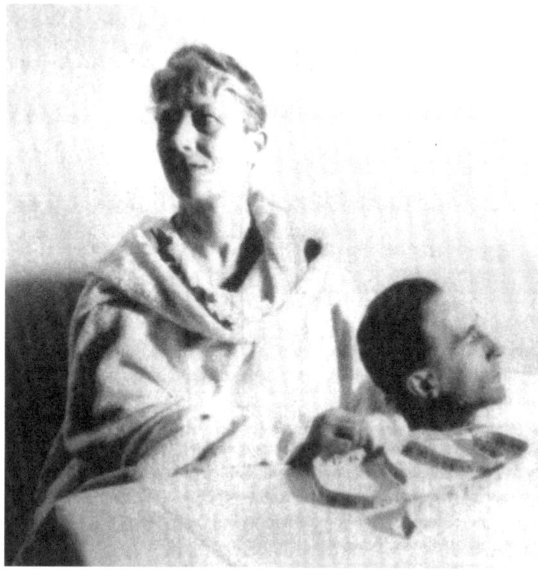

Mary Reynolds und Marcel Duchamp,
photographiert von Man Ray, um 1940

Überlebensunfähigkeit des Fötus bewusst wurde, unten ein Sterilisationsapparat, eine verwelkte Orchideenblüte, eine Darstellung ihres gebrochenen Beckens, das ihrer Unfruchtbarkeit zugrunde liegt. Der abstrakte Hintergrund ist in zwei gleich große horizontale Bereiche aufgeteilt, unten eine einheitliche, düster-grünliche Fläche. Am Horizont deutet eine feine Linie ein weit entferntes Industrieareal an, darüber liegt ein verwaschen blauer Himmel.

1932 begleitet Frida Kahlo Diego nach Detroit, wo er im Auftrag des Industriellen Henry Ford ein Wandfresko ausführt. Sie ist schwanger. Doch die Schwangerschaft endet vorzeitig, sie verliert das Kind. Zwischen 1929 und 1933 erwartete sie noch dreimal ein Baby, doch jedes Mal erlebt sie Fehlgeburten, was sie verzweifeln lässt und ihr ein sehr negatives Selbstbild vermittelt. Und das wiederum fördert ihre Depressionen. Jacqueline Lamba berichtet, Frida habe in einem Schrank die Föten ihrer totgeborenen Kinder in Gläsern mit Formalin aufbewahrt.

Marcel Duchamp und seine Gefährtin Mary Reynolds kommen Frida häufig in der Klinik besuchen. Mary spricht mit Frida Englisch. Sie liest ihr Gedichte ihres Lieblingsdichters Walt Whitman vor:

Ich bin so rein in den Eingeweiden,
als wie in Kopf und Herz,
Begattung ist mir nicht anstößiger als der Tod.
Ich glaube an das Fleisch und an die Begierden,
Sehen, Hören und Fühlen sind Wunder, und jeder
Teil und Fetzen von mir ist ein Wunder.

Mary Reynolds hat Frida liebgewonnen und schlägt ihr vor, ihre Rekonvaleszenzzeit bei ihr zu verbringen.

Frida ist von dieser sanftmütigen, großen, feinen und eleganten Frau bezaubert, die sechzehn Jahre älter ist als sie. In ihren Briefen bezeichnet sie sie als *eine wunderbare Amerikanerin.* Die Leidenschaft zwischen Frida und meinem Vater berührte Mary Reynolds so sehr, dass sie ihnen anbot, gemeinsam bei ihr zu wohnen. Sie würde derweil aufs Land ziehen.

Die Liebesgeschichte

In dem vier Seiten umfassenden Text, den Oscar mir bei unserer ersten Begegnung gegeben hatte, bezieht er sich auf schriftliche Äußerungen meines Vaters, die in den Archiven über Frida in Mexiko lagerten. Da meine Pläne, selbst hinzufahren, immer hypothetischer wurden, willigte er ein, mir Photokopien davon zu schicken: etwa dreißig Seiten mit Notizen, Karten und Briefen, die mein Vater an bzw. für Frida geschrieben hatte, und drei Photographien von ihm, die ich nicht kannte. Die Dokumente erlauben so etwas wie eine kleine Vorstellung dessen, was sie gemeinsam in Paris erlebt haben, doch Fridas Beitrag dazu, sei es in Form von Äußerungen oder schriftlichen Belegen, fehlt. Diese Leerstelle macht sie als Person umso rätselhafter, man fragt sich, was sie sich erwartete, was sie beschäftigte, wie sie sich als Verliebte verhielt.

Der „idyllische“ Moment der Romanze zwischen meinem Vater und Frida trug sich zu, als sie das Krankenhaus verließ, als die beiden bei Mary Reynolds einzogen, deren charmantes Haus in der Rue Hallé ganz nah bei der Metrostation Denfert-Rochereau lag. Die Häuserfront dieser ruhigen Straße ist an einer Stelle durch eine halbkreisförmige Einbuchtung unterbrochen, in der sich etwa zehn ein- bis zweistöckige kleine Häuser und Ateliers aneinanderschmiegen. Bei Nummer vierzehn liegt hinter einem schmiedeeisernen Gitter ein Garten.

Kaum haben Frida Kahlo und mein Vater das Haus betreten, kommen ihnen Marys Katzen, Miki, Marce und Mildred, miauend entgegen, reiben sich an ihren Beinen und verstecken sich unter Fridas langen Röcken. Sie will sie hochnehmen, doch sie rennen weg, um gleich wiederzukommen, kurz: sie haben Frida sofort in ihrer Mitte akzeptiert. Am Ende eines Gangs liegt ein großes Zimmer, in dem sich Mary von dem Sessel erhebt, in dem sie las. Sie schließt die beiden nacheinander voller Herzenswärme und mit Selbstverständlichkeit in ihre Arme. Frida ist noch ein wenig blass, betont jedoch, wie sehr sie sich freut. Mary ergreift je eine Hand ihrer beiden Gäste und betrachtet ihre Gesichter mit einem wohlwollenden Lächeln. Dann holt sie eine Flasche Portwein und drei Gläser, sie stoßen an, und Mary sagt: „Auf die Jahre, die uns bleiben – zum Leben." Am Abend findet ein Dinner zu Fridas Ehren statt, geladen sind außerdem Marcel Duchamp, Georges Hugnet, Valentine Hugo und Jacques Villon.

Außer meinem Vater sprechen bei den Dinnerabenden in der Rue Hallé alle Englisch. Er rechtfertigte seine Lücke damit, dass er mit neunzehn Jahren von der Amerikanerbande von Paris aufgenommen worden sei: Monroe, Powell, Hemingway und Calder, der Kanadier war. Alle hätten sich geweigert, Englisch mit ihm zu sprechen, weil sie Französisch lernen wollten. „Die einzigen Worte Amerikanisch, die ich gelernt habe, waren Slang, wie Calder ihn sprach. Und so bin ich immer der Französischlehrer geblieben. Sobald ich ein Wort auf Englisch sagte, haben sie sich derart über mich lustig gemacht … außerdem war ich sehr faul", räumte er lachend ein.

Von der Größe abgesehen, erinnert Mary Reynolds Haus Frida an ihr eigenes in Mexiko. Statt der Klammeraffen und der kleinen Nackthunde gibt es hier eine frei lebende Katzenschar. Anstelle des Architektenhauses in San Angel ein Häuschen mit Garten auf jeder Seite. Das Kaminfeuer wärmt ihr Körper und Seele. Die Bibliothek, Marys Buchbinderwerkstatt, die Kunst an den Wänden vermitteln ihr das Gefühl, in einem vertrauten Raum angekommen zu sein, in dem Klugheit, Kunst und das Leben den Ton angeben. Mein Vater mit seiner sportlichen und eleganten Erscheinung ist ihr ganz und gar zu Diensten. Er ist verliebt, zeigt ihr Paris, organisiert Verabredungen. Sie ist umgeben von Menschen, die sie schätzen und das auch zum Ausdruck bringen, und so findet sie bald ihr Gleichgewicht wieder.

Gemeinsam gehen sie oft ins Le Bœuf sur le toit in der Avenue Pierre-Ier-de Serbie. Lieber als im Tanzlokal mit Orchester im ersten Stock halten sie sich in der kuscheligen Bar ganz oben auf. In dieses Lokal, in dem seit den 20er Jahren *tout-Paris* verkehrt, gehen die Surrealisten nicht, dem Willen von André Breton entsprechend. Jean Cocteau hatte den Ort bekannt gemacht, und unter dessen Leute wollte sich Breton nicht mischen. Mein Vater erzählte mir von einem wunderbaren schwarzen Pianisten, Garland Wilson, der die Schauspielerin und Sängerin Nina Mae McKinney, bekannt aus dem Film *Hallelujah* von King Vidor, am Klavier begleitete. „Sie war hinreißend: große, ausdrucksstarke Augen und ein strahlendes Lächeln. Die Atmosphäre war sehr intim, weich, sinnlich. Frida setzte sich zu Garland ans Klavier. Wir unterhielten uns, und er spielte alles, was wir wollten. Für diese Abende zog sich Frida wunderbar an. Sie hatte hinreißende, sehr schwere Jade-Ohrringe, geformt wie kleine Krüge, und wir steckten eine Orchideenblüte in jeden Krug. Es waren absolut außergewöhnliche Schmuckstücke. Im Le Bœuf sur le toit knieten die Menschen nieder vor Frida“, berichtete mein Vater.

Ich stelle mir vor, dass es in Mary Reynolds Haus kalt war und dass sich die beiden ein Behelfsbett vor dem Kamin eingerichtet haben, wo stets ein Feuer knisterte, das mein Vater mit dicken, bemoosten Scheiten am Brennen hielt.

Auf dem Bett lieben sie sich, sie trinken, essen, schlafen, rauchen dort, reden stundenlang und hören Musik. Sie verbringen jeden Moment gemeinsam, gehen so wenig wie möglich aus und gelangen so zu einer ebenso tiefen wie unbeschwerten Vertrautheit. Sie wissen, dass sie einander alles sagen können, dass es keine Folgen haben wird.

Eines Abends löscht Frida alle Lampen und verschwindet, nur von einem wallenden Rebozo umhüllt, in der Dunkelheit. Er betrachtet mit einer Zigarette im Mund und einem Glas Wein in der Hand wie hypnotisiert das Feuer im Kamin, das als einzige Lichtquelle tanzende Schatten an die Wand wirft. Frida kommt wie ein Mann gekleidet zurück: Glencheck-Hose mit Bundfalten, weißes Hemd, Weste und eine blutrote Krawatte. Sie hat ihr Haar streng zurückgekämmt, mit einer Schleife im Nacken zusammengebunden und mit Kohle den Flaum ihres Oberlippenbärtchens akzentuiert. Sie raucht und tanzt wie ein Mann, schiebt eine unsichtbare Partnerin übers Parkett.

Sie erzählt ihm, dass ihre Mutter vor ihrer Geburt einen Jungen zur Welt brachte, der nach wenigen Tagen an einer Lungenentzündung starb. Ihre Eltern, die schon zwei Töchter hatten, hatten so sehr einen Stammhalter ersehnt. Fridas Identität formt sich folglich im Schatten des verstorbenen Bruders. Um die Liebe ihrer Eltern zu gewinnen, hat sie sich vermutlich bemüht, deren Wünschen nachzukommen und dem Bild des Jungen, den sie verloren hatten, soweit es ihr möglich war, zu entsprechen. Und dieses Leben mit einem geborgten *Ich* brachte es mit sich, dass sie das kleine Mädchen in sich hintanstellte.

Ab der ersten Klasse gebärdete sie sich wie ein Junge, und die anderen fanden sie ein wenig seltsam. Sie machte die tollsten Kunststücke auf Rollschuhen und auf dem Fahrrad. Als Heranwachsende nahm sie ein männliches Gebaren an: „In einer anderen Phase meines Lebens zog ich mich wie ein Junge an, ließ mir die Haare kurz schneiden und trug Männerkleidung, Hosen, Stiefel und eine Lederjacke." Ihr Vater hatte große Hoffnung in sie gesetzt und sah eine künftige Ärztin in ihr. Ihre Schwestern waren schön, Frida intelligent, deshalb hoffte er, dass Frida die Ambitionen erfüllen würde, die er für seinen Sohn gehabt hatte. Ihr war es gelungen, Zugang zu einer lässig-engagierten Studentengruppe, *Los Cachuchas*, zu erhalten, die üblicherweise so gut wie keine Frauen aufnahm. Wie ihre Kommilitonen trug sie eine Baskenmütze im Schachbrettmuster und verwendete grobe Ausdrücke. Jahre später wird sie von sich sagen, dass sie vom anderen Geschlecht den Schnurrbart und die Gesichtsform habe, als seien diese männlichen Merkmale ein entscheidender Anteil ihres Wesens. Ihr eignete eine Art Unsicherheit, ein Daseinszweifel, was sich vor allem in einem Schwanken zwischen den Identitäten bemerkbar machte. Die Besonderheit ihrer Gesichtszüge, geprägt von der starken Oberlippenbehaarung, nutzte sie, um männliche Charakterzüge zu betonen und eine Nähe zur Figur des Revolutionärs Emiliano Zapata herzustellen. So manifestierte sie ihren Wunsch, in der Nachfolge des Helden zu agieren, der für die Bauern und die Anerkennung der Ureinwohner gekämpft hatte.

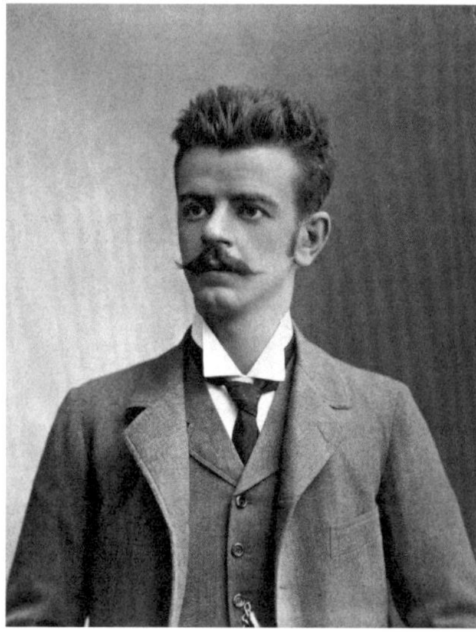

Fridas Vater, Guillermo Kahlo, um 1897

Ihr Vater, Wilhelm Kahlo, war als Sohn eines ungarischstämmigen Juweliers in Baden-Baden aufgewachsen. Mit einundzwanzig war er nach Mexiko ausgewandert und hatte die spanische Version seines Vornamens angenommen, er nannte sich fortan Guillermo. In der deutschen Gemeinde hatte er Arbeit gefunden, als Kassier in einer Glashandlung, als Buchverkäufer und Angestellter eines Juweliers. Er hatte eine Mexikanerin geheiratet, die bei der Geburt der zweiten Tochter starb, anschließend ehelichte er Matilde Calderón y Gonzáles, Tochter eines mexikanischen Photographen mit teilweise indianischen Vorfahren. Bevor sie Guillermo traf, war sie mit einem Deutschen verheiratet gewesen, der sich vor ihren Augen das Leben genommen hatte. Davon hatte sie sich nie erholt. Matilde war Analphabetin und sehr stark in der katholischen Tradition verwurzelt. Sie war es gewesen, die Guillermo dazu trieb, Photograph zu werden wie ihr eigener Vater. Guillermo war germanophil, spielte für sich in seinem Büro Beethovensonaten auf dem Klavier und las Schopenhauer. Er lehrte Frida Deutsch, außerdem Malen und Photographieren. Fridas Mutter hielt das Haus in Ordnung und wachte darüber, dass ihre Töchter im strengen katholischen Glauben erzogen wurden. Frida zufolge liebten sich die Eltern nicht und verstanden einander auch nicht. Sie lebten unter einem gemeinsamen Dach nebeneinander her und pflegten jeder ihre jeweiligen Neurosen. Zudem litten sie beide an unvorhersehbaren epileptischen Anfällen. Als Kind wurde Frida beauftragt, ihrem Vater auf der Straße zu folgen, um ihm im Fall eines Anfalls zu helfen. Die Angst, die das in ihr erzeugte, kann man sich nur zu gut vorstellen.

Dass sie ihren kleinen Jungen verloren und danach Frida zur Welt gebracht hatte, bedrückte Matilde sehr, sie litt an Depressionen. So konnte sie sich nicht um ihre kleine Tochter kümmern und übergab sie einer Hausangestellten, einer Indio-Frau, die sie stillte. Nach einem Jahr bemerkte Matilde, dass die Amme alkoholabhängig war, und nahm ihr das Kind wieder weg. In *Meine Amme und ich* (1937), das in Bretons Ausstellung hing, kam Frida dreißig Jahre später auf diese Lebensphase zurück und offenbarte, wie sehr die Geschichte sie immer noch beschäftigte.

Auf dem Bild stellt sich Frida mit dem Körper eines Babys und dem Kopf einer Erwachsenen in den Armen einer korpulenten, dunkelhäutigen Frau dar, die eine Maske trägt. Die eine Brust der Frau ist naturgetreu gemalt, die andere wie eine Pflanze, deren Verzweigungen an Milchkanäle und Blattadern erinnern. Aus den Brüsten tritt Milch aus. Im Hintergrund wird eine üppige mexikanische Vegetation von einem wolkenverhangenen Himmel überwölbt, aus dem es nicht Wassertropfen, sondern Milch regnet.

Die Szene spielt auf christliche Darstellungen der stillenden Muttergottes an. Für Frida sind die Regentropfen Milch der Heiligen Jungfrau. Doch die Elemente im Bild öffnen noch ein weiteres Bezugsfeld, zur Erde als Ernährerin. Die Aztekenmaske, die Vegetation und die Wettererscheinungen, von denen Frida umgeben ist, stehen für das Fortleben der Kultur der Ureinwohner und für die Kraft der Natur. Das erwachsene Kind im Taufkleid steht für das Verstreichen der Zeit und die Transformation des Individuums. Diesen Aspekt betonen zudem zwei in den Pflanzen verborgene Tiere. Unten erkennt man links von den Personen eine „Stabschrecke", die die Eigenart hat, in ihrer definitiven Form geboren zu werden, und rechts einen Schmetterling, der gerade seine Puppe verlässt, bei den Azteken der symbolische Scheidepunkt zwischen Lebensatem und Todgeweihtsein. Ein Bild für Tod und Wiedergeburt, eine Transformation.

Wie in *Das Herz* zeigt Frida einen Ausschnitt ihrer Biographie in einem symbolischen Bild, das für die Kontinuität des Lebens steht. Doch hier fügt sie noch ein Gedenken an ihre mexikanischen Ureinwohner-Vorfahren und die ewig währende Natur hinzu. Für sie ist das eine Form, dem Dasein Wirklichkeit zu verleihen und dem Selbst, das zu zerfallen droht, eine Einheit zu gewährleisten.

Frida läuft gerne nackt und mit aufgelöstem Haar durch Mary Reynolds Wohnung, eingehüllt nur in den Rauch einer Zigarette, an der sie genüsslich zieht, die Finger ganz nah am Mund. Immer wieder steht sie vor

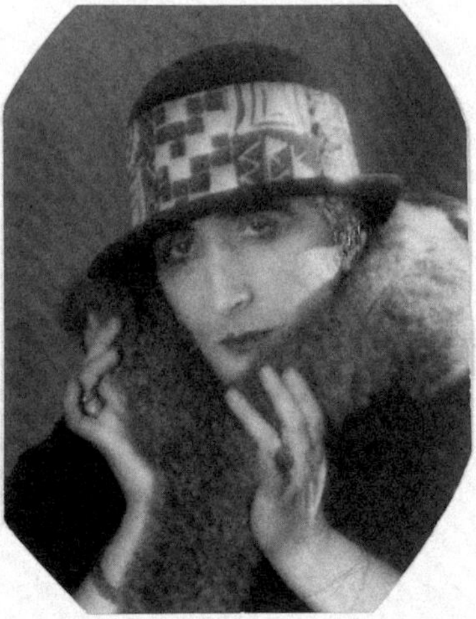

Marcel Duchamp als Rrose Sélavy, 1921,
photographiert von Man Ray

dem Photo an der Wohnzimmerwand, das Man Ray von Marcel Duchamp als Frau verkleidet gemacht hat; er ist geschminkt, trägt eine Halskette, einen Hut und einen Mantel. Diese Arbeit mit dem Titel *Rrose Sélavy* fasziniert sie, zumal seit ihr Duchamp den Schlüssel zum Verständnis geliefert hat. *Rrose Sélavy* ist Duchamps weibliches Alter ego. Ein Heteronym, das ähnlich klingt wie *Éros c'est la vie. Sélavy* hat er gewählt, weil es wie ein jüdischer Name klingt, und das doppelte *R*, um an das doppelte *L* in manchen walisischen Wörtern, wie etwa *Lloyd*, zu erinnern. Duchamps Hinterfragen der Identität, des Geschlechts, klingt in Frida als etwas Vertrautes und zugleich Rätselhaftes nach. Ihr wird bewusst, dass die Idee der Verdoppelung auch in ihrem Werk präsent ist, vor allem in ihren Selbstportraits. Sie nimmt sich vor, gleich nach ihrer Rückkehr nach Mexiko mit einem Bild zu beginnen, das sie *Die zwei Fridas* nennen wird und das die Elemente von *Das Herz* aufgreifen wird: eine europäische und eine mexikanische Frida.

Mein Vater war für die Sozialisierung Fridas in zwei Kulturen besonders empfänglich: „Ein gewisser Vernunftglaube, der von ihren deutschen Vorfahren stammte, wurde durch die Mischung mit dem mexikanischen Überschwang, der mexikanischen Großzügigkeit und dem religiösen und folkloristischen Wahnsinn Mexikos sehr vielschichtig. Frida verkörperte all das in einer Person." Sie war ganz und gar mexikanisch und deutsch. Das faszinierte ihn.

Ich sinne über einen Abend nach, an dem die Liebenden erstmals das Zimmer von Marcel Duchamp betraten, das im Erdgeschoß gleich links neben der Eingangstür lag. Als Mary ihnen das Haus gezeigt hatte, hatte sie betont: „Es ist das Zimmer VON MARCEL." Die Ansage wirkte abschreckend, und niemand betrat den Raum. Doch das Liebespaar kannte keine Verbote, und nach ein paar Tagen beschlossen die beiden, sich darüber hinwegzusetzen. War es mein Vater, der den Handknauf drehte und die Tür einen Spaltbreit öffnete? Hielten sich die beiden an der Hand? Bei dem wenigen Licht, das vom Gang hineinfiel, sah man nicht viel. Flüsternd tasten sie sich beim Schein einer Kerze voran. In einer Ecke steht ein Eisenbett für eine Person. Wände und Decke sind über und über mit einer seltsamen Tapete beklebt. Als sie nähertreten, erkennen sie im Kerzenlicht, dass sie tatsächlich aus Dutzenden von Landkarten Frankreichs besteht, die so nebeneinander geklebt sind, dass das Ganze ein riesiges unwirkliches Gebiet ergibt. Manche Straßen scheinen von einer Karte in die andere überzugehen, sodass der Südwesten direkt an den Norden grenzt, die Bretagne an die Region um Paris und der Südosten an die Franche-Comté. Sie legen sich aufs Bett und studieren dieses erstaunliche Straßennetz, wie man die Sterne der Milchstraße betrachtet, wenn man an einem Sommerabend auf dem Land im Gras liegt. Sie betonen jeden einzelnen Städtenamen, je nachdem, wohin sich ihr Blick gerade verirrt, und spielen mit dem Klang der Worte: Diii-jon, Reimmm's, Le-Puy, Mars'eille, Vii-llee-fraan-chee, Berk'Plaaage, Re-mi-remont, Folrac', Caaastres, Decazzzevilllle, Mont-béliaaard, Foooorbaaach, Ageeen, Foi'xxx …

Wie kommunizieren die Verliebten eigentlich, da sie doch nicht dieselbe Sprache sprechen? In einem Interview von 1979 beantwortete mein Vater die Frage äußerst charmant: „Mit Frida war es im Grunde nicht sehr wichtig, sich durch Worte zu verständigen. Wir hatten so viele Möglichkeiten, uns auszutauschen, ohne uns mit Worten herumzuschlagen. Ich war sehr vertraut mit ihr, und Sprachprobleme haben uns nie irgendwelche Grenzen gesetzt. Sie war jemand, der schon erfasst hatte, was ich sagen wollte, ehe ich es ausgesprochen hatte."

Gemeinsam machten sie Ausfahrten aufs Land. Ich weiß, dass mein Vater, der Agraringenieurswesen studiert hatte, die Natur liebte. Er fuhr sehr gern Ski. Sein Vater, der Apotheker, hatte ihm sein Wissen über Pflanzen weitergegeben. Vielleicht wollte mein Vater seine Vorlieben und sein Wissen mit Frida teilen: „Ich habe sie zweimal auf Fahrten aufs Land mitgenommen. Es hat sie gleichermaßen verzaubert und verblüfft. Dieses Land, das so grün ist und so lieblich, mit seinen kleinen Dörfern, in deren Mitte immer eine Kirche steht, erschien ihr als eine vollkommen andere Welt als die, die sie kannte. Wir fuhren zuerst die Seine entlang, flussaufwärts bis nach Vernon, und beim nächsten Mal waren wir an den Ufern der Loire unterwegs. Frankreich erschien ihr als etwas sehr weit Entferntes, nicht nur das Landleben, sondern auch die Menschen und Paris. Sie fühlte sich wirklich in eine andere Zeit versetzt."

Es gibt Unterbrechungen ihres Zusammenseins, weil mein Vater ab und zu außerhalb von Paris zu tun hat. Davon zeugen drei erhaltene Postkarten, zum Beispiel eine mit Datum vom 19. Februar 1939. Sie zeigt eine Skulptur aus Dahomey, und die Bildlegende auf der Rückseite lautet: Hölzerner Kelch in Form einer Frau, die mit einem kleinen Mädchen spielt. Dazu die Worte meines Vaters: „Guten Tag, Frida, ehe ich losfahre, schicke ich Dir einen Kuss. *Für eine Politik der Stärke.* Sei brav und pass gut auf Dich auf. Ich küsse Dich. Michel"

Ein nicht datierter Brief mit Briefkopf des Hotel Regina, also aus der Zeit vor dem Umzug zu Mary Reynolds, gibt einen Eindruck von ihren Unternehmungen: „Ich habe kein privates Telefon, Frida! Guten Tag, Jeanne d'Arc, es ist traurig, Dich nicht zu sehen. Aber ich musste viele Projekte anstoßen. Magst Du das Mittagessen morgen und am Donnerstag für mich reservieren? Nach dem Essen morgen könnten wir Deine Bilder anschauen gehen (gegen zwei Uhr) und ich würde Dich bei Breton lassen und selbst auf M. Duchamp warten. Donnerstag werde ich versuchen, auch Bettina zum Mittagessen zu bitten, und Du kannst dann mit ihr zu Schiaparelli gehen. Und Donnerstagabend treffen wir uns gegen zehn im Cabaret ‚Agnès Capri'. Ich rufe Dich morgen früh um zehn Uhr an und komme Dich um halb eins abholen. Ich küsse Dich, Frida. Ich küsse Dich. Michel"

Mein Vater hatte keinen privaten Telefonanschluss. Bedeutet das, dass er ihn nicht weitergeben konnte – oder wollte? Ich stelle mir vor – aber vielleicht liege ich falsch damit –, dass er Frida nicht gesagt hatte, dass er damals bei Marie-Laure de Noailles wohnte. Im Stadtpalais residierte er in einem großen Zimmer mit fünf Fenstern – dasselbe Zimmer, in dem auch Kurt Weill auf der Flucht vor den Nazis gewohnt hatte. Ein weißer Steinway stand noch immer dort und erinnerte an den Aufenthalt des Komponisten im Jahr 1933. Ein älterer Hausangestellter mit perfekten Umgangsformen war damals für meinen Vater zuständig.

Wahrscheinlich hat André Breton Frida Kahlo bei den Noailles eingeführt. Frida kam vielleicht sechs oder sieben Mal zur Place des États-Unis. Marie-Laure sprach sehr gut Englisch, was ihre Beziehung zu Frida einfach machte. Sie gab zwei oder drei Abendessen oder kleine Einladungen zu ihren Ehren, dort traf Frida Tanguy, Péret, Max Ernst, Henri Suguet – und vielleicht Balthus.

Wusste Marie-Laure von der Beziehung zwischen meinem Vater und Frida? Es ist klar, dass er sie betrog, aber vielleicht hatte das gar keine Bedeutung, weder für sie noch für ihn.

Die Biographen behaupten, dass sich die Modeschöpferin Elsa Schiaparelli von Frida Kahlos elegantem Kleidungsstil dazu anregen ließ, eine Robe mit dem Namen „Madame Rivera" zu kreieren. Die Nachricht meines Vaters an Frida weist eindeutig darauf hin, dass er über Bettina, die amerikanische Frau seines Freundes Gaston Bergery, ein Treffen zwischen Elsa Schiaparelli und Frida eingefädelt hat. Bettina war Elsa Schiaparellis Starmannequin und zugleich ihre rechte Hand. Zu Nancy Deffebach sagte mein Vater: „Frida lernte Schiaparelli kennen. Sie war mir eine enge Freundin. Wir trafen uns oft, sie gehörte quasi zur Familie … Elsa mochte Fridas königliche Ausstrahlung und ihre Körperhaltung sehr. Und ihr modisches Er-

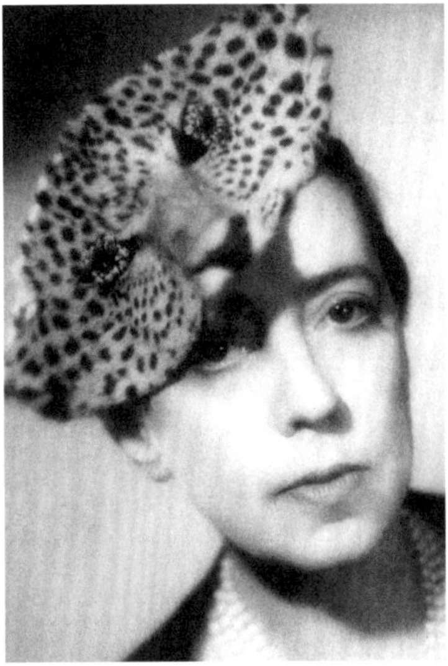

Elsa Schiaparelli, mit einer ihrer typischen Hutkreationen, o. J.
Photograph anon.

scheinungsbild war wunderbar, so schön und so geschickt zusammengestellt. Elsa war von all dem alten, mit Steinen besetzten Schmuck fasziniert, den sie trug."

Schiaparelli hatte die Palette der Modefarben um einen Farbton bereichert, den sie *Shocking Pink* getauft hatte, ein intensives, ins Violett spielendes Rosa. Schlecht informierte Journalisten vermuteten, sie habe sich dazu von den magentafarbenen *Rebozos* von Frida Kahlo inspirieren lassen. Fridas Farbvorlieben sind typisch mexikanisch, allerdings wurden die dazugehörigen Farbstoffe 1859 in Frankreich erfunden, wo man ihnen die Namen von Schlachten verlieh, die im selben Jahr stattgefunden hatten, Magenta und Solferino.

Man muss sich vorstellen, wie Frida und Bettina vor dem Hôtel de Fontpertuis an der Place Vendôme Nr. 21 ankommen, in dem das Haus Schiaparelli achtundneunzig Räume belegt: Bettina, eine schlanke und große blonde Schönheit mit blauen Augen, trägt an diesem Tag einen langen, dunkelblauen Mantel mit samtrotem Kragen, der mit gelben und blauen Perlen übersät ist, dazu einen roten Hut, der aussieht wie ein umgedrehter Schuh. Fridas mexikanisches Gewand verblasst daneben geradezu.

Sie gehen an der Boutique vorbei, betreten das Haus durch die Toreinfahrt und steigen in die erste Etage hinauf, wo Elsa ihr Büro hat. Auf dem Gang bleibt Bettina vor einer Puppe stehen, die den Mantel „Arlequin“ aus der Kollektion „Commedia dell'arte“ trägt. Sie packt Frida beim Arm und erklärt ihr, dass „Schiap“ es gern sähe, wenn Frauen in der Öffentlichkeit Theaterkostüme trügen, um so ihre Unabhängigkeit zum Ausdruck zu bringen und elegant und provokant zugleich ihre Freiheit zu feiern. Frida fragt sich, ob Bettina ihre Aufmachung etwa mit einem Harlekinsanzug vergleicht. In ihren Augen stehen die Rauten des Kostüms für die zahlreichen Facetten der Figur und auch für deren Armut, weil es aus Flicken zusammengesetzt ist. Sie denkt zudem an Picassos *Harlekin*, den sie so sehr mag.

Bettina stellt Frida Elsa in dem ihr eigenen, zugleich weltläufigen und ironischen Tonfall vor: „Madame de Rivera, eine Freundin von Michel. Ihre Bilder werden bei Renou et Colle ausgestellt."

Elsa betrachtet Frida nachdrücklich und mit einer gewissen Distanz, dennoch macht sie ihr aber auch Komplimente zu ihrem Schmuck und stellt ihr, ganz Geschäftsfrau, Fragen zu dessen Herkunft. Auf einem niedrigen Tischchen wird Tee serviert, und man blickt durchs Fenster auf die Säule in der Mitte der Place Vendôme. Schiap zeigt ihr Bilder von ihren Kollektionen und Frida amüsiert sich über die Gewagtheit der Roben und Accessoires.

Rebellisch und mit überbordender Phantasie begabt, war Elsa Schiaparelli zur Königin der Pariser Mode aufgestiegen, sie mischte Extravaganz mit Klasse, erfand einen Strickpullover, dessen Muster täuschend echt wie ein Skelett aussah, außerdem durchbohrte

Herzen und Tattoos; der von ihr kreierte Hosenrock wurde in England zum Skandal, ihre *mad cap* war ein kleiner gestrickter Hut, den man in jede erdenkliche Form ziehen konnte. Elsa Triolet schuf das Collier „Aspirine“ aus Porzellanperlen für sie. Schiaparelli arbeitete mit Salvador Dalí, Meret Oppenheim, Jean Cocteau zusammen und brachte das Parfum *Shocking* heraus, dessen von Léonor Fini gestalteter Flakon ein Couture-Mannequin mit Kurven wie Mae West darstellt. Kurz: Ihr Werk wies sie eher als eine plastische Künstlerin denn als traditionelle Modeschöpferin aus.

Die beiden Frauen umarmen sich zum Abschied, und Elsa schlägt Frida in einem Anflug von schöpferischem Enthusiasmus vor, ein Kleid zu entwerfen, das ihren so besonderen mexikanischen Look aufgreifen würde. Frida notierte in einem Notizheft eine der *Douze commandements de la femme*, die Elsa Schiaparelli verkündete: „Passen Sie niemals ein Kleid an Ihren Körper an, sondern achten Sie darauf, dass Ihr Körper zum Kleid passt.“ Als sie sich auf dem Flur trennen, verspricht Elsa ihr, zur Vernissage zu kommen.

Das Gerücht, dass es ein Kleid Madame Rivera gibt, basiert auf einem Satz Diego Riveras, der am 3. März 1948 im *Time Magazine* erschien und den Hayden

Herrera in ihrer Kahlo-Biographie zitiert: „Seit zweiundzwanzig Jahren trug sie ausschließlich mexikanische Kleider, und als sie 1939 nach Paris kam, war Madame Elsa Schiaparelli so beeindruckt von ihr, dass sie ein Madame Rivera-Kleid schuf."

Dieses berühmte Kleid, von dem niemand Bilder gesehen zu haben schien, machte mich neugierig, und ich blätterte im Musée des Arts Décoratifs alle achthundertachtunddreißig Skizzen durch, die Elsa Schiaparelli 1939 angefertigt hat. Doch ich fand keine Spur von dem Kleid. Auf Anraten der Museumskonservatorin nahm ich mit Hubert de Givenchy, ehemaliger künstlerischer Leiter bei Schiaparelli und ein wandelndes Gedächtnis der französischen Modewelt, Kontakt auf. Auch er hatte nie etwas von der Kreation gehört. Dilys Blum hatte Schiap eine große Ausstellung im Philadelphia Museum gewidmet und hat mir das Fehlen des Modells mit folgenden Worten erklärt: „Damals hatten die Modelle eine schlanke Silhouette, und ein Kleid in diesem Stil hätte man ‚Robe Madame Rivera' nennen können. Schiaparelli gab ihren Kreationen im Unterschied zu anderen Couturiers keine Namen, sondern nummerierte sie durch. Dennoch lieferten die Häuser der Presse Beschreibungen, die die Verbindungen zwischen den teilweise sehr verschiedenen Modellen auf den Punkt brachten, damit eine zusammenhängende Geschichte daraus werden konnte."

In der Rue Molière Nr. 5 sammeln sich wie jeden Abend Besucher vor dem Cabaret Chez Agnès Capri. Die Gäste, die sich zu kennen scheinen, stehen in kleinen Gruppen zusammen, sie unterhalten sich entspannt und rauchen. Mein Vater und Frida Kahlo haben die Gärten des Palais Royal durchquert und gesellen sich nun, Arm in Arm, dazu. Agnès Capri hatte im Jahr zuvor im Le Bœuf sur le toit von sich reden gemacht und gehört zu einer revolutionären Künstler- und Schriftstellergruppe, der sich auch Leute wie Louis Aragon, Max Ernst, André Gide und Jacques Prévert angeschlossen haben. Prévert ist Autor von Chansons, die Agnès Capri interpretiert. Alle strömen eng gedrängt in den Vorraum des kleinen Theaters, um die besten Plätze zu ergattern. Frida kann Gedränge nicht leiden und schubst die Menschen schreiend von sich, um ein Minimum an Raum um sich herum zu wahren.

Das Cabaret ist klein, eng und ganz mit Stoff ausgeschlagen. Die winzige Bühne mit ihrem purpurroten Vorhang erinnert an ein Kasperletheater. Die Künstler treten hier einer nach dem anderen auf, mit Theatereinlagen und Chansons, und besonders sticht Germaine Montero mit ihrer ganz eigenen Art hervor, an Worten zu feilen und sie mit Gefühlen aufzuladen. Nur begeisterte Anhänger sind im Publikum, und sie tragen die Interpreten mit ihrem Applaus. Frida ist verzaubert. Gegen Ende des Abends bringt Agnès Capri mit ihrer hohen Stimme einige berührende Lieder dar, die Frida sehr betroffen machen. Als sie sich zu meinem Vater umwendet, hat sie Tränen in den Augen. Die beiden lachen darüber.

Sie entschwinden in die Nacht und beschließen, bei der Galerie Renou et Colle vorbeizugehen, wo Fridas Bilder angekommen sind. Zu dieser späten Stunde sind sie allein in der Galerie und packen die Bilder eines nach dem anderen aus den Holzkisten. Andere Werke stehen bereits an die Wand gelehnt. Sie machen kein Licht, sondern betrachten alles beim Schein einer Taschenlampe. In der dunklen Umgebung erscheinen die Bilder im Lichtkegel wie Leuchtfenster, wie eine Art Ikonen. Auf meinen Vater wirkt es, als fesselten die Werke seinen Blick. Sie rufen ihn und schauen ihn an. Die Elemente der Bilder scheinen sich aus ihrem Zusammenhang zu lösen und auf ihn zuzukommen: das Kind mit der Maske, Frida ohne Hände, Dorothy Hale, während sie vom Hausdach stürzt, die Figuren in der Badewanne. Eine ähnliche Faszination hatte ihn angesichts mancher Objekte im Ethnographischen Museum ergriffen. Auch wenn er selbst kein Künstler war, so verstand und liebte er doch die Kunst, und das blieb nicht immer ohne Folgen.

Als sie so vor dem Bild *Das Herz* hocken, fragt er sie, warum sie ein blutendes Herz in Grün gemalt habe. Sie antwortet: „Das ist doch nicht grün, mein Herz ist rot. Noch röter geht gar nicht!“ Er sieht sie mit einem kleinen fragenden Lächeln an und versucht herauszubekommen, ob sie sich über ihn lustig macht. „Kannst du die Farben nicht richtig unterscheiden? Bist du vielleicht ein bisschen farbenblind?“, stößt sie hervor.

Beschwipst, wie sie ist – in der Galerie stehen immer ein paar Flaschen Whisky herum –, macht sie sich daran, ihm ganz tief in die Augen zu sehen und die Ursache für seine Farbenblindheit mit einer Streichholzflamme zu ergründen, die sie ihm gefährlich nah ans Gesicht hält. Dabei bringt sie ihr eigenes Gesicht ganz eng an seines, um ihn genau ansehen zu können. Das Streichholz ist fast verglüht und verbrennt ihr die Fingerkuppen. Sie schreit: „Das ist fantastisch, ich sehe eine Landschaft … und ich sehe mich selbst auch darin, innen drin, in deinem Auge!“

So wie er Farben nicht gut unterscheiden kann, muss sie einräumen, dass ihr der Geruchssinn fehlt, sie riecht nichts, weder den Geruch von Scheiße noch den Duft von Rosen. Darüber können sie nun beide lachen, denn sie wissen, dass sie in diesem Augenblick das Gefühl einer alles umfassenden Körperlichkeit und Sinnlichkeit eint, die man in die Worte fassen könnte: Du bist meine Augen, ich bin deine Nase, zusammen sind wir ganz.

Von der Ecke aus, in der sie sich aneinandergekuschelt haben, sehen sie durch das Schaufenster hindurch den Tag anbrechen und machen sich über die Art lustig, wie die Passanten über den feuchten Gehweg eilen: Zeitungsverkäufer, zwei Polizisten, die sich in ihre Capes eingehüllt haben und lachen und rauchen, elegante junge Frauen, die zur Arbeit aufbrechen, Lieferanten, die Milch von einem Lastwagen laden.

Wie mit Diego Rivera, Nickolas Muray und anderen Liebhabern auch findet Frida gemeinsam mit meinem Vater schnell zu Glücksmomenten aus der Kindheit zurück, sie erfinden Gebärden und kleine Rituale aus der Tierwelt oder tauchen in magisches Denken ein. So grüßen sie etwa jedes Mal, wenn sie – gemeinsam oder einzeln – das Haus in der Rue Hallé betreten oder verlassen, ihren „Mayafreund", eine kleine Figur aus Brotteig, die sie geformt, bemalt und in den Briefkasten am Gartentor gesetzt haben. Sie nennt meinen Vater *Rotnase*, er sie *Magenta*, *Jeanne d'Arc* oder *mein kleiner Maibaum*.

Doch jenseits dessen, was sie in den Momenten des Überschwangs, die Frida glücklich machten, zu einen schien, nahm ein anderes, weniger freudvolles Bild Form an: Sie entwickelte ein Art Lustlosigkeit, eine Traurigkeit, die sich wie ein Schatten über alles legte. Nancy vertraute mein Vater an: „Sie war weder überschwänglich noch zurückhaltend, tatsächlich war sie ziemlich teilnahmslos, vor allem spürte man ihr Unglück, und sie war ziemlich neurasthenisch."

Mexiko

Mein Vater hatte während der Jahre 1932 bis 1936, als er zunächst als ehrenamtlicher Mitarbeiter, dann als Assistent des Leiters der Abteilung für Schwarzafrika im Ethnographischen Museum tätig war, mexikanische Landeskunde studiert. Der Museumsleiter Paul Rivet, ein Freund seiner Eltern, war Amerikaspezialist mit einer großen Leidenschaft für Mexiko. Er hatte als Professor über das kosmologische Gedankengebäude in den alten mexikanischen Kulturen geforscht, über ihre Darstellung der Welt und des Kosmos. Sein Schüler Jacques Soustelle, der gleich alt war wie mein Vater, hatte ihm vom Volk der Lakandonen (Volk der *wahren Menschen*) erzählt, die er erforschte. Sie waren Nachkommen der Maya und lebten in den Wäldern von Chiapas. Soustelle hatte Halsketten, Töpferwaren und ein aus einem Tierhorn gefertigtes Musikinstrument mitgebracht.

Mein Vater hatte viel mit dem Photographen Pierre Verger zu tun, der mit dem Museum zusammenarbeitete. Der hatte das Land für ein 1938 erschienenes Buch mit dem Titel *Mexiko* bereist und war begeistert von der national orientierten kulturellen Wiedergeburt. Er betrachtete, wie die linken Intellektuellen und Künstler in Frankreich ganz allgemein, Mexiko als gelungenes Modell einer politischen Revolution. Gemäß den Gepflogenheiten der völkerkundlichen Photographie hatte er alle Facetten des Lebens dokumentiert: Landschaften, Gesichter, Objekte, handwerkliche Arbeit, religiöse Zeremonien, präkolumbianische Denkmäler, Volksfeste, Märkte und den Kleidungsstil.

Er hatte auch Antonin Artaud getroffen, der sich von der surrealistischen Bewegung losgesagt hatte und 1936 nach Mexiko gereist war, um auf andere Gedanken zu kommen und eine neue Vorstellung vom Menschen zu entwickeln. Für Artaud hatte die vernunftorientierte Kultur Europas ausgedient, und er hoffte, aus der magischen Indio-Kultur neue Kräfte zu schöpfen. So war er in die Sierra Tarahumara gereist, eine abgelegene, schwer zugängliche Region, um eine Kultur kennenzulernen, die auf Schamanismus und Trance basierte. Dort probierte er Peyotl und versank über Monate in einer sehr tiefen persönlichen Krise. Er erlebte sich als Hellseher und glaubte, beim Halluzinieren, ausgehend von seinen Visionen, eine neue

Sprache erfunden zu haben. In Felsen- und Bergformationen sah er Umrisse von Gesichtern und Körpern.

Wahrscheinlich träumte mein Vater am Ende der 30er Jahre auch von einer Reise nach Mexiko, angeregt durch Soustelles ethnographische Forschungen, die exotischen Phantasmen des Zöllners Rousseau, die surrealistischen Fragestellungen Bretons, die Abenteuer von „Costal l'Indien" und die Erweckungsreise Artauds. Als er Frida kennenlernt, ist es für ihn sehr wichtig, dass sie mexikanische Wurzeln hat, und im Unterschied zu den meisten Menschen, die sie bis dato in Paris getroffen hat, hat er bereits eine ziemlich konkrete Vorstellung von ihrem Land und seiner Kultur. Doch mehr als ihre „ethnische" oder exotische Erscheinung faszinieren ihn ihre Persönlichkeit und ihre Kultur. Da er im Museum viele Stunden damit zugebracht hatte, Objekte aus aller Herren Länder detailgenau zu studieren, war es ihm im Lauf der Jahre gelungen, die vordergründig „exotisch-erotische" Betrachtungsweise und seinen kolonialistischen Hintergrund abzulegen, die bei Breton und den Surrealisten trotz ihres Engagements gegen den Kolonialismus noch virulent waren. Denn sobald man ein Land und seine Kultur zu erfassen versucht, indem man es einer philosophischen oder künstlerischen Richtung zuordnet, greift ein ethnozentrischer Gedanke, der das Gegenüber der eigenen Sicht der Dinge unterordnet. Mexiko ist in keinster Weise auf den Surrealismus angewiesen, um zu bestehen. Vielmehr trat das Gegenteil ein – der Surrealismus wollte sich in der Begegnung mit Mexiko neu beleben.

Mein Vater hörte Ethnographie-Vorlesungen bei Marcel Mauss, während er für das Musée du Trocadéro arbeitete. In seinen Unterlagen fand ich eine Abschrift von einem der Kurse: „Für die Methodik der Beobachtung muss man das Material nach ästhetischen Gesichtspunkten inventarisieren und dabei auf die vergänglichen und empfindlichen Objekte Rücksicht nehmen: Federn, Blumen, die, da und dort getragen, etwa in gewissen Situationen bei den Tahitianerinnen, eine ganz bestimmte Bedeutung haben; festliche Kuchen in Annam, wahre Kunstwerke; Waffelbestecke, wie es sie im normannischen volkskundlichen Museum in Honfleur gibt ... Jedem Objekt seine Karteikarte mit Angaben zum ‚Wo – Wer – Wann'."

Für ihn war alles wichtig, er kannte keine ästhetische Hierarchie der Objekte. Dabei zählte für ihn übrigens der Gebrauchswert mehr als der ästhetische.

Von Charles Ratton, den Surrealisten und Picasso lernte er, Gebrauchsgegenstände als Kunstwerke zu betrachten.

Ich erinnere mich, dass ich als Kind entzückt war, wenn er mir von der Atmosphäre im Ethnographischen Museum am Trocadéro in den 1930er Jahren erzählte: „Alle waren in einem Raum, in dem sich auch die Schreibtische von Rivière, Rivet und die Bibliothekarin befanden. Und zusätzlich die zuständigen Personen für die verschiedenen Länder, die alle ebenfalls ehrenamtlich tätig waren und mehr oder weniger regelmäßig anwesend. Objekte wurden aus den Koffern geholt, die die Kolonialverwalter geschickt hatten, und wir beschrieben sie auf Karteikarten, die nach internationalen Maßgaben zehn Kriterien vorsahen."

Robert Desnos, mit dem mein Vater befreundet war, arbeitete ehrenamtlich an der Kartei mit, hatte aber meist um neun Uhr morgens schon ein klein wenig getrunken.

„Eines Tages kam es zu einer einigermaßen urigen Szene: Rivières Sekretärin war die Tochter eines russischen Generals und sah recht süß aus. Desnos war an diesem Morgen schon reichlich angeheitert eingetroffen, und er küsste das Mädchen umstandslos auf den

Mund. Sie begann zu schreien. Ich versuchte Desnos also aufzuhalten, als er ihr durchs Museum hinterherlief. Das Mädchen rief: Lass mich, Hilfe! Rivière hatte allergrößte Mühe, sie zum Bleiben zu überreden und ihrem Vater nichts von dem Vorfall zu erzählen … Zum Spaß zogen wir manchmal volkstümliche Gewänder an oder schossen mit Blasrohren Pfeile auf eine Zielscheibe, die wir an der Bibliothekstür aufgehängt hatten; ich erinnere mich an das kurze, trockene Geräusch, mit dem die Pfeile auf dem Holz aufschlugen."

Als er Frida Kahlo zum ersten Mal sah, hat Robert Desnos meinem Vater angeblich ins Ohr geflüstert: „Sie ist hübsch, deine Freundin, man könnte meinen, sie kommt direkt aus einer Vitrine in deinem Völkerkundemuseum …"

An diesem Tag trug sie einen langen schwarzen Rock mit einer weißen Borte und als Oberteil ein *Huipil*, eine Art ärmelloser Bluse aus Baumwolle oder Satin mit roter Stickerei. Die beiden Männer sahen ihr zu, wie sie redete und sich bewegte. „Stell dir vor, vor ein paar Jahren entschied sie sich kategorisch und endgültig, sich nur noch wie eine mexikanische Ureinwohnerin zu kleiden", sagt mein Vater mit einem bewundernden Unterton und fügt hinzu: „Die Tehuantepec-Frauen tragen nie Unterhosen." Da dreht sich Desnos lächelnd zu ihm um und lässt einen seiner Pennälerwitze los: „Pass nur auf, dass kein Luftzug kommt, alter Freund!"

Diego Rivera hatte in zwei Badezimmern des Blauen Hauses Dinge versiegeln lassen, die ihm und Frida gehört hatten. 2004 wurden sie zugänglich gemacht, als beide bereits lange tot waren. Dabei waren unter anderem die Briefe aufgetaucht, die mein Vater an Frida geschrieben hatte, aber auch und vor allem ihre Garderobe, die aus hundertachtundsechzig Ensembles bestand.

Die meisten Gewänder stammen aus der Gegend um Oaxaca, vom Isthmus von Tehuantepec und aus der Gegend von Veracruz. Die Frauen aus der Stadt Juchitan de Zaragosa im Tal von Oaxaca waren bekannt für ihre Intelligenz, ihre Schönheit, ihre Kraft und ihren Mut. Sie waren Nachfahren des zweitausend Jahre alten Volksstamms der Zapoteken. In dieser matriarchalisch organisierten Gesellschaft waren die Frauen Familienoberhäupter, leiteten den Warenverkehr und entschieden über wirtschaftliche Fragen. Frida Kahlo identifizierte sich mit diesen Frauen und ihrem traditionellen Kleidungsstil und betonte damit ihre Zugehörigkeit zum mexikanischen Volk. Im Lauf der Zeit wandelte sie sich zur authentischen Tehuana-Frau, trug den manchmal handgestickten *Huipil, Rebozos*, lange weite Röcke mit oder ohne Falten, die aus horizontalen, farbigen Stoffstreifen, oft in unterschiedlichen Materialien, bestanden. Die aufgestickten oder eingewebten Motive mit stilisierten geometrischen Formen, Tieren oder Pflanzen stammten aus der präkolumbianischen Zeit. Frida nähte oder änderte ihre Kleider gern selbst und bestickte auch die Stoffe von eigener Hand.

In ihren Selbstportraits stellt sie sich so dar, wie sie sich gerne sieht, in einer Fülle von immer wieder neu zusammengestellten Kombinationen ihrer Trachten, jede eine Hommage an die traditionelle mexikanische und an die präkolumbianische Kultur. Hayden Herrera glaubt, dass Frida die folkloristischen Gewänder trug, um Diego zu gefallen, denn er liebte die Tehuana-Frauen und ihre Trachten sehr. Er fuhr oft in die Gegend von Tehuantepec, um die Bewohner und ihren Alltag in seinen Zeichnungen und Gemälden festzuhalten. Es werden ihm sogar Liebesaffären mit den Schönen des Landstrichs nachgesagt. Aber auf alten Photographien ihrer Familie mütterlicherseits ist zu erkennen, dass Fridas Verwandte ebenfalls Tehuana-Kleider trugen; woraus man schließen kann, dass sie eine Verbindung zu diesem Teil der Familie pflegen wollte, der teilweise von Ureinwohnern abstammte. Das Identitätsthema war Frida sehr wichtig und wog bei der Auswahl ihrer Kleidung wahrscheinlich schwerer als die Vorlieben ihres Mannes.

Im Übrigen versuchte Frida Kahlo auf verschiedene Arten, ihr „Mexikanischsein" zu betonen. Sie wandelte ihren Vornamen ab, wie schon ihr Vater es getan hatte – aus der deutschen Frieda wurde Frida. Sie änderte ihr Geburtsdatum vom tatsächlich korrekten Jahr 1907 zu 1910, dem Jahr, in dem die mexikanische Revolution begann. Die eigene Biographie mit der Geschichte des Landes zu verweben trägt dazu bei, der Existenz Kohärenz zu verleihen.

Nachdem sie das Schloss Sully-sur-Loire besichtigt hatten, das auf einer spiegelnden Fläche aus Wasser zu schweben schien, spazierten Frida Kahlo und mein Vater am Fluss entlang auf die Nebelfetzen zu, die sich von den Bäumen nahe der Böschung lösten und von Zeit zu Zeit den Blick auf eine Schar Schwäne freigaben, die in Formation über sie hinwegflogen.

Sie trinken Glühwein in einem Gasthaus, sehen sich wortlos an und erleben einen dieser seltenen Wahrheitsmomente, die manchen leidenschaftlich Liebenden beschert sind. Doch es ist ein Moment, in dem man etwas sagen und miteinander teilen muss. Etwas sehr Intimes. Das, was jeder als sein Innerstes wahrnimmt. Etwas, das nicht notwendigerweise ein Ereignis sein muss, sondern eher ein verschüttetes Gefühl, dessen seelische Tragweite niemand sonst zu würdigen wüsste.

Frida wagt sich als Erste vor: „Wenn ich jemanden liebe, möchte ich ihn ganz und gar kennen."

Er breitet die Arme aus und nickt zustimmend: „Ich bin bereit, frag mich, was du willst."

„Dann sag mir, was dich als Kind am meisten geprägt hat."

Er erzählt, wie ihn der Weltkrieg zwischen 1914 und 1918 traumatisiert hat. Sein Vater war zum Leitenden Apotheker des Hospitals von Vierzon ernannt worden, und die Familie verbrachte die gesamte Kriegszeit dort. Sie wohnten nahe beim Bahnhof, und im Alter zwischen vier und acht Jahren sah er tagtäglich Zugladungen voll mit Verletzten ankommen, auf Krankentragen, oder Fußlahme, die von Soldaten gestützt wurden. Schon früh am Morgen, wenn die Züge einfuhren, hörte er sie schreien vor Schmerz. Im Alter von sechs Jahren hatte man ihn angeheuert, um für sie zu singen und für Zerstreuung zu sorgen. Zerstörte Gesichter, Amputierte an einem, zwei, drei oder vier Gliedmaßen, Blinde, Epileptiker, Körper, die von Bomben, Kugeln, Gas oder Kälte schwer versehrt waren, lagen zu Hunderten bis in die letzten Winkel des Krankenhauses zusammengepfercht. Er stellte ihnen alle möglichen Fragen und erinnerte sich noch an die Antworten der Soldaten, wie sie so in Verbände eingewickelt und ausgestreckt auf ihren Betten lagen: „Warum hast du nur ein Bein? – Weil ich im Krieg verwundet wurde. – Warum warst du im Krieg? – Ich weiß nicht, ich hab dasselbe gemacht wie alle anderen auch."

Er verabscheute Krieg. Um das Gefühl wegzuschieben, das in ihm aufsteigt, küsst er Frida und stellt ihr dieselbe Frage.

Sie erzählt daraufhin, was sie in diesem Alter erlebt hat, als sie ungefähr sieben war und vor den Toren von Mexiko-Stadt die Truppen Zapatas auf die von Venustiano Carranza trafen. Ihre Familie unterstützte Zapatas Soldaten mit Nahrungsmitteln, als sie nahe am Fluss Churubusco kampierten, ganz nah beim Haus in Coyoacan am Stadtrand. Die Bevölkerung von

Mexiko-Stadt geriet mitten hinein in den Konflikt. Angst und Schrecken herrschten, und Nahrungsmittel wurden für alle knapp. Frida erinnert sich, dass sie von jedem der verfeindeten Lager einen verletzten und blutüberströmten Soldaten gezeichnet hat. Beide trugen sie die Abzeichen von Revolutionären, einen Sombrero und schräg über die Schulter hängende Patronengürtel.

Als sie zu malen begann, stand Frida unter dem Einfluss der großen Meister der europäischen Malerei, doch nach und nach schöpfte sie ihre Inspiration unter Diego Riveras Einfluss zunehmend aus der mexikanischen Volkskunst, insbesondere aus Votivtafeln, farbenfrohen Gemälden auf Blättern aus Weißblech, die in Kirchen dargebracht wurden, wenn jemand ein Gelübde oder eine Danksagung ablegte. Der Stil dieser Bilder ist naiv, expressiv, nur das Wesentliche ist abgebildet. Man sieht Gewalt, Blut, Leiden, Hoffnung; Phantasie und Realität sind hier gleichermaßen präsent.

All diese Elemente finden sich in Frida Kahlos Malerei, neben anderen Themen, die ein Erbe des überlieferten mexikanischen Gedankenguts sind, wie die Dualität von Leben und Tod, die Solidarität zwischen den Lebewesen.

Man kann sich die Frage stellen, ob Frida Kahlo nicht schon mit Vorurteilen in Europa ankam. Wenn sie in ihren Briefen gegen Frankreich und die Franzosen wütet, glaubt man da nicht einen Widerhall dessen wahrzunehmen, was sie bereits angezettelt hat – die Bande, die sie mit Europa verbinden, zu kappen, indem sie die Herkunft väterlicherseits ebenso hinter sich lässt wie westliche Kleidung und den künstlerischen Einfluss aus Frankreich? Um ihre väterliche Abstammung zu verschleiern und sich von Nazideutschland zu distanzieren, behauptete sie sogar, die Familie ihres Vaters sei jüdisch. Ihre sehr profunde Kenntnis der mexikanischen Kultur und Geschichte, ihr im Entstehen begriffenes Werk – all das rechtfertigt ihre Entscheidung und gibt ihr das Vertrauen, sich ganz und gar und vor allem als Mexikanerin zu sehen.

Die Vernissage

Wie jeden Donnerstag hat mein Vater einen Teil der Nacht mit dem Chefredakteur von *La Flèche*, Jean Maze, in der Druckerei JEP in der Rue Marcadet Nr. 7 zugebracht, um die aktuelle Ausgabe der Zeitung abzuschließen. „Ich half meistens mit und las die Artikel noch mal durch. Man musste alles Korrektur lesen, und so gingen wir gegen 19 Uhr hin, und es dauerte bis ein Uhr nachts. Die Schriftsetzer in ihren grauen Kitteln setzten die Bleilettern einen nach dem anderen und einen neben den anderen, Zeile für Zeile, das dauerte sehr lang."

An diesem Abend wartet er im Getöse der Rotationsmaschinen, die die ganze Nacht hindurch laufen, auf die frisch gedruckte Zeitung. Er beobachtet, wie die Metallarme vor und zurück gleiten, wie sich die metallischen Zylinder regelmäßig drehen, wie die eingespannten Papierbögen vorbeiziehen. Er liebt den Geruch der Druckerschwärze und des heißen Öls, mit dem die Maschinen geschmiert sind. Um drei Uhr morgens steht er auf der Straße. Eine dicke Reifschicht überzieht Fahrbahnen und Gehwege. Kein Taxi ist in Sicht, und so macht er sich zu Fuß auf den Weg, läuft die Rue Cadet und die Rue Montmartre entlang. Er hat Hunger und ihm ist eiskalt. Vor einer Bäckerei liefern ein paar Männer gerade Mehl aus. Der Bäcker lädt ihn ein, hereinzukommen und sich aufzuwärmen. Kurze Zeit später sitzen sie zu viert zusammen bei einem Imbiss und einer Flasche Schnaps.

Als der Morgen anbricht, lässt sich mein Vater bei Denfert-Rochereau absetzen und stößt das Gitter zum Haus in der Rue Hallé auf. Frida ist soeben aufgewacht, er schlägt den Vorabdruck von *La Flèche* auf Seite fünf auf und intoniert mit lauter Stimme: „Man muss der Galerie Renou et Colle dankbar sein, dass sie uns mit dem Werk von Frida Kahlo de Rivera bekannt gemacht hat. Die große Künstlerin stellt siebzehn Gemälde aus. Jedes einzelne ist ein offenes Tor zur Unendlichkeit und zum Fortbestehen der Kunst. André Breton, bla-bla-bla … All diese Bilder, die der Zeit und dem Wunderbaren abgerungen sind, äußern sich in so reinen Farben und so perfekter Zeichenkunst, dass sie ahnen lassen: Das kann wahrhaftig ein Stil werden … In einer Zeit, in der Trickserei und Betrug modern sind, sorgen die Aufrichtigkeit und erhellende Genauigkeit von Frida Kahlo de Rivera für Erholung von so manchem Pinselstrich eines Genies. Und so weiter, und so weiter, und geschrieben hat das mein Freund Foucaud."

Sie schiebt die Leintücher von sich und entblößt ihren Körper, spreizt die Beine und zieht sie langsam an den Rumpf. Während sie ihm provokant direkt in die Augen blickt, wirft sie ihre Arme nach oben und ruft: „Viva la vida!" Als er Frida so sieht, mit gespreizten Beinen, die ein M formen, denkt er unweigerlich an *Meine Geburt*, eines der Bilder von 1932, das er am Vorabend mit André Breton in der Galerie gehängt hat. Zu sehen, wie ihr künstlerisches Universum unmittelbar zur Wirklichkeit wird, irritiert ihn. Das Bild selbst, dessen Anblick schon schwer auszuhalten ist, hatte ihn mit der Heftigkeit des Dargestellten überrascht.

Auf dem Bild *Meine Geburt* sieht man ein Bett aus etwas erhöhter, frontaler Perspektive, es steht in einem sonst leeren Zimmer. Auf dem Bett liegt eine Frau mit gespreizten Beinen und ist im Begriff, einen riesigen Kopf zu gebären, der mit geschlossenen Augen in einer Blutlache auf dem Bett liegt. Der obere Teil des Körpers, Arme, Schultern und Kopf, ruhen auf einem Polster und sind unter einem Leintuch verborgen. Das puristisch eingerichtete Zimmer ist in mehreren horizontalen Flächen dargestellt: eine verwaschen blaue Wand, eine Wandleiste in dunklerem Blau, die Parkettdielen greifen die Perspektive des Bettes auf, ein unbeschriftetes beigefarbenes Band mutet wie der Ort für eine Grabinschrift an. An der Wand direkt oberhalb des verschleierten Kopfes thront ein Marienbild über der Szene.

Die zusammengewachsenen Augenbrauen des Kindes und der Titel des Werks weisen darauf hin, dass es sich um eine Darstellung von Frida Kahlos Geburt handelt. Anstelle des verhüllten Gesichts von Fridas Mutter blickt die Gottesmutter auf das neu geborene Kind. Die Jungfrau als *Mater dolorosa* mit zwei Dolchen im Hals lässt eine von vielem Leiden belastetete Zukunft erahnen. Die realistische Darstellung der Geburt fügt sich in die prähispanische Maltradition ein und könnte von der aztekischen Skulptur Tlazoltéotl, der „Göttin der ekelhaften Dinge" inspiriert sein, die hockend Centéotl, den Gott des Mais, gebiert.

Das Selbstportrait vereinigt einen Widerspruch in sich: es kündigt eine Geburt an und verweist zugleich auf den Tod (Leichentuch über dem Kopf der Mutter, der leblos hängende Kopf des Kindes, der Blutfleck). Wer ihre Biographie kennt, weiß, dass Frida mehrere

Fehlgeburten erleiden musste. Weil ihre Mutter außerdem bereits tot war, als sie das Bild malte, bedeckte Frida deren Gesicht mit einem Leichentuch und setzte sich so als sich selbst Gebärende an ihre Stelle. Die allmächtige Frida will zugleich Mutter, Kind und auch diejenige sein, die ihr eigenes Abbild im Gemälde gebiert.

Ab dem Zeitpunkt, da sie *Meine Geburt* als bewussten Ausgangspunkt ihrer gemalten Autobiographie schuf und dabei Fakten mit Phantasie, Gegenwärtiges mit Vergangenem vermischt, wird Frida Kahlo bis zu ihrem Lebensende unaufhörlich ihre eigene Geschichte neu interpretieren.

Am 9. März, dem Tag, an dem die Vernissage der Ausstellung *Mexiko* stattfand, aß mein Vater allein im *Café du Dôme* am Montparnasse zu Mittag und blätterte in der Zeitung. Auf der Titelseite von *Paris-Soir* las er: *Blutige Nacht in Madrid, nach 24 Stunden Kampf haben sich die aufständischen Kommunisten heute Morgen ergeben.* Auf derselben Seite steht zu lesen, dass sich der passive Widerstand in Paris formiert, in sechs Bezirken der Hauptstadt werden Gasmasken verteilt. Zweihunderttausend Masken müssen in den kommenden Monaten angesichts des drohenden Kriegs mit Deutschland verteilt werden. Der Himmel verdüstert sich über Frankreich, André Breton und Marcel Duchamp sprechen bereits davon, das Land zu verlassen und in die USA zu gehen, Benjamin Péret und Remedios Vario nach Mexiko. Unruhe erfasst meinen Vater und er erwägt für einen Moment, alles hinter sich zu lassen – seine Eltern, seine Geliebten, seine Freunde – und mit Frida nach Mexiko zu gehen oder ihr zumindest baldmöglichst nachzureisen.

Die Vernissage findet am frühen Abend statt. Die Ausstellung zeigt auf engem Raum siebzehn Bilder von Frida Kahlo. Ungefähr zehn davon stammen aus dem Jahr 1938. Photographien von Manuel Álvarez Bravo, siebenundfünfzig Werke präkolumbianischer Kunst, vierundvierzig bunt zusammengestellte volkstümliche Objekte und einundzwanzig mexikanische Gemälde aus dem 19. Jahrhundert sind ebenfalls ausgestellt.

Anhand diverser schriftlicher Zeugnisse kann man sich ein Bild davon machen, was sich an diesem Tag zugetragen hat. Mein Vater schreibt: „Die Galerie Renou et Colle bot ein intimes Ambiente, sie bestand aus vier kleinen Räumen. Die Vernissagen fanden zwischen 18 und 21 oder 22 Uhr statt. Die Leute kamen und gingen, immer wieder neue. Es war nicht abgehoben. Es wurde nichts zu trinken angeboten, es hatte nichts Mondänes. Es ging nicht darum, dreihundert Personen anzulocken, sondern vielmehr die dreißig richtigen. Und die kamen dann auch. Es waren Freunde der Galerie Pierre Colle, Freunde der Surrealisten, Freunde von Ratton und von mir. Es war kein großes Ereignis, aber ihr Werk wurde gesehen und gewürdigt."

Frida äußert sich in einem Brief an Ella und Bertram Wolfe voller Freude und erzählt, dass sie haufenweise Komplimente bekommen habe, eine Umarmung von Joan Miró, Lobreden von Kandinsky, Glückwünsche von Picasso und Tanguy, von Paalen und „anderen ‚Großschissern' des Surrealismus". Und tatsächlich häufen sich die Lobeshymnen. Sogar Diego, der gar nicht in Frankreich war, erzählte seine Version der Vernissage: Kandinsky sei sehr bewegt gewesen von Fridas Gemälden, habe sie vor allen Leuten hochgehoben und auf beide Wangen und die Stirn geküsst, „dabei war sein Gesicht nass vor Tränen schierer Rührung".

Kandinsky hält seine Eindrücke in einem Brief an Anna und Josef Albers fest, die zu der Zeit im Black Mountain College in den USA weilen: „Augenblicklich haben wir hier eine mexikanische Kunstausstel-

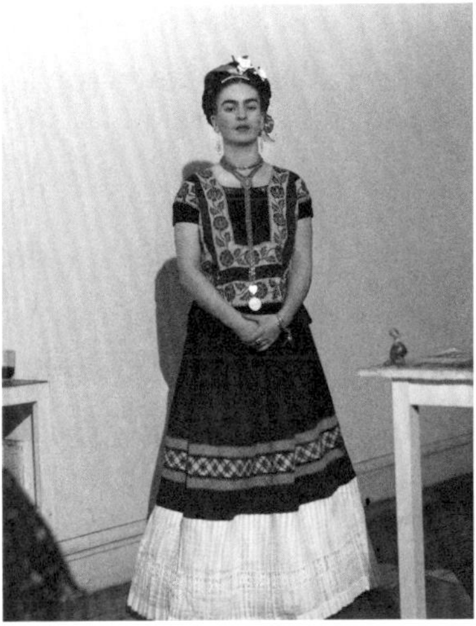

Frida Kahlo in mexikanischer Tracht, Paris 1939,
photographiert von Dora Maar

lung. Wir waren zur Vernissage da und dachten an Sie, leidenschaftliche Mexikaner. Es gibt dort Bruchstücke der alten mex. Kunst zu sehen, Plastiken, die sehr interessant sind, und wir dachten an die von Ihnen zugesandten Photos. Dann viel Volkskunst, und endlich eine grosse Anzahl Malereien der Frau von Diego de Rivera – starker surrealistischer Beigeschmack. Sie war selbst anwesend mit ihrer mex. Tracht – sehr malerisch. Sie soll immer und überall so herumlaufen. Es gab viele Damen da, die genügend exzentrisch aussahen – Montparnassegeist –, aber keine konnte mit der mex. Tracht konkurrieren."

Marcel Duchamp und Mary Reynolds zufolge „hatte kein Surrealist hier oder irgendwo sonst etwas Ähnliches geschaffen“.

Oscar zitiert in einem Katalog einen Brief, den Jacqueline Lamba ein paar Wochen später an Diego schrieb: „Fridas blitzartiger Auftritt verschlug allen den Atem, sie standen da wie eine Ansammlung von Seidenraupen beim Anblick einer mit Höchstgeschwindigkeit vorbeirasenden Lokomotive ... Alle sind einer Meinung und finden, dass es die besten Bilder sind, die je von einer Frau gemalt wurden.“

Picasso sah die Ausstellung ein paar Tage nach der Eröffnung und schreibt an Diego: „Weder Derain noch ich noch Du sind in der Lage, Gesichter so zu malen, wie Frida Kahlo es kann.“

Jacqueline berichtet von einer Vernissage, die gut besucht gewesen sei, in der sich Frida aber einsam in eine Ecke zurückgezogen habe. Mein Vater gewann den Eindruck, als habe Frida in Wahrheit gar keinen sehr großen Wert auf ihren Pariser Aufenthalt und auf diese Ausstellung gelegt. „Sie gehörte nicht zu jenen Künstlern, die Angst empfinden, ihre Arbeiten zu zeigen oder darüber zu sprechen. Sie stand ihrem Werk sehr gleichgültig gegenüber.“ Frida kam zur Vernissage, um den Leuten zu vermitteln: Seht her, wer ich bin; ich

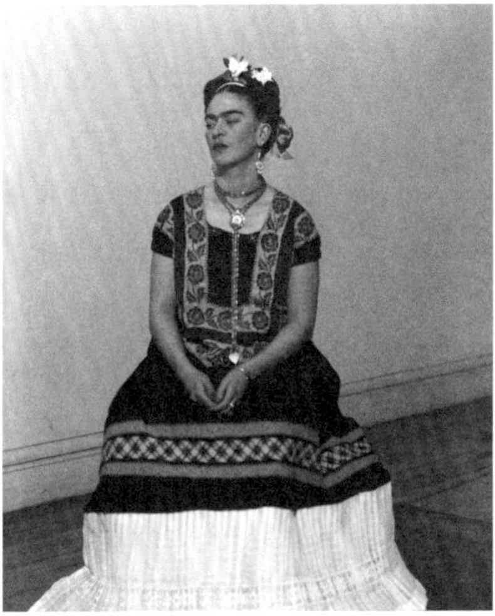

Frida Kahlo in mexikanischer Tracht, Paris 1939,
photographiert von Dora Maar

bin leidend, ich will leben, und ich male meinen Schmerz, mache ihn sichtbar.

Niemandem fiel auf, dass sich im Lauf des Abends Ramón Mercader alias Jacques Mornard alias Frank Jacson an Frida Kahlo heranmachte, ein militanter spanischer Kommunist, der innerhalb von ein paar Monaten das trotzkistische Pariser Milieu unterwandert hatte. Als Agent des NKWD, der sowjetischen Geheimpolizei, hatte er den Auftrag, Leo Trotzki zu töten, der noch immer als Gast von Diego Rivera und Frida in Mexiko in ihrem befestigten Haus in Coyoacan wohnte. Der Mann hoffte, Frida verführen zu können und sich dadurch Zutritt zu verschaffen. Er hatte einen riesigen Blumenstrauß mitgebracht und war Frida durch ganz Paris gefolgt, um mit ihr in Kontakt zu kommen. Bei der Vernissage bot sich endlich die Gelegenheit, ihr den Strauß zu überreichen, und er brachte das Gespräch darauf, dass sie ihn doch mit Trotzki bekannt machen solle. Frida wurde misstrauisch und antwortete, dafür sei sie nicht die Richtige, da ihr Verhältnis zu Trotzki abgekühlt sei. Bitter enttäuscht verließ Mornard daraufhin die Galerie und überreichte den Strauß der erstbesten Passantin, die ihm über den Weg lief; die jedoch lief in Panik davon, und der Strauß landete im Rinnstein.

Ramón Mercader gelang es schließlich, in Paris eine amerikanische Sympathisantin Trotzkis, Sylvia Ageloff, zu becircen. Sie hatte Zugang zu Trotzki, da eine ihrer Schwestern seine Sekretärin war. Im Oktober 1939 reisten die beiden nach Mexiko. Da ihre Schwester „im richtigen Augenblick" krank geworden war, hatte Sylvia sie vertreten, und sie war es, die Mornard dann bei Trotzki Einlass verschaffte. Nach einigen Besuchen unter dem Vorwand, einen Artikel verfassen zu wollen, schlug er ihm am 20. August 1940 den Schädel mit einem Eispickel ein.

Frida Kahlos Biographen erwähnen nur die Ausstellungsrezension in *La Flèche*. Und das, obwohl mein Vater in einem Interview auch von der Zeitung *Art* spricht, die von Wildenstein, Inhaber der Galerie am Faubourg Saint-Honoré Nr. 140, herausgegeben wurde. Deshalb habe ich mir den anonymen Artikel aus *Art* besorgt, der kritisch über Frida Kahlos Bilder berichtet und ironisch über André Breton: „Die Ausstellung *Mexiko* ist André Bretons Werk. Es werden dort neben namenlosen mexikanischen Gemälden des 18. und 19. Jahrhunderts volkstümliches Spielzeug, Terrakotten aus der Zeit vor Cortés' Eroberungsfeldzug und Bilder von Frida Kahlo de Rivera gezeigt, der Frau des berühmten Malers Diego de Rivera. Es ist, denke ich, müßig, eine solche Ausstellung für bedeutsam zu halten. Sie verströmt einen Hauch von Tod und dämonischem Leben. Unterschwelliger Satanismus wird allerorten greifbar.. […] Frida Kahlo de Rivera ist eine Nekromantin. Die Surrealisten scheinen sie für sich zu vereinnahmen. Dabei vergessen sie, dass sie viel eher wie eine Schwester im Geiste von Pierre Roy erscheint, den die Gruppe auf den Index gesetzt hat!"

Ein eher neutraler Artikel erschien in der Zeitung *Marianne*: „Vor allem die Gemälde von Frida Kahlo de Rivera verdienen Erwähnung, in denen sich in die traditionelle Machart aktuelle surrealistische Aufgeregtheiten mischen. André Breton beschreibt dies zurecht als eine sehr weibliche Kunst, das heißt, sie ist zugleich absolut rein und völlig durchtrieben: ein Band um eine Bombe."

Die April-Ausgabe der *Vogue* erwähnt lediglich „hinreißende mexikanische Gemälde des 18. und 19. Jahrhunderts".

Am Tag nach der Vernissage verließ mein Vater Paris und schrieb Frida einen Brief:

> *Frida, der Zug setzt sich in Bewegung. Ich bin traurig, dass ich Dich zurückgelassen habe, ich war nicht lange in der Ausstellung. Die Ausstellung ist hübsch. Ich hätte nicht gedacht, dass sie so hübsch ist. Frida ist hübsch, aber das wissen ja alle. Ich hoffe, Du warst nicht zu müde. Ich bedaure sehr, Dich morgen Abend nicht zu Pierre Colle begleiten zu können. Magenta – wenn Du irgendetwas brauchst, ruf mich in Hyères (Var) unter 291 an; ich kann nicht einfach telefonieren. Ich bin stolz auf Dich, Frida. Ich küsse Dich vielmals. Und wünsche Dir einen guten Tag.*
> *Verzeih. Michel.*

Darunter: *Zwischen Laroche und Dijon, 10.III.1939.* Dazu von Hand gezeichnet ein kleiner Zug mit elektrischer Oberleitung und darunter: *Frida … Guten Tag … Frida … Guten Tag.*

Die Telefonnummer von Hyères legt nahe, dass er mit seiner offiziellen Geliebten zur Villa Noailles in Südfrankreich unterwegs war. Wäre er lieber dageblieben? Musste er mit Marie-Laure mitfahren, um diese Beziehung aufrechtzuerhalten, zumal vor dem Hintergrund, dass Frida bald abreisen würde?

Noch während der Laufzeit der Ausstellung erwarb der französische Staat – nicht der Louvre – ein Gemälde mit dem Titel *Der Rahmen* – das Bild, das Kandinsky und Maurice Renou von allen in der Galerie gezeigten am besten gefiel. Ein Werk, das Frida als „bescheuertes Foto in einem mit Papageien verzierten Rahmen" beschrieb, „die schrecklichste Scheiße, die ich je gemalt habe".

Das Werk wanderte in die Sammlung des Musée national du Jeu de Paume. Heute gehört es zum Fundus des Centre Pompidou. In einer Akte des Nationalarchivs findet sich eine Notiz zur Anfrage von André Dézarrois, Konservator im Jeu de Paume, an den Leiter der Abteilung Schöne Künste: „Die Frau des bedeutendsten lebenden Künstlers Gesamtamerikas, Diego Rivera, die ihrerseits sehr experimentierfreudig und begabt ist, hat in der Galerie Renou et Colle in Paris unter der Schirmherrschaft des Dichters André Breton Werke surrealistischer Prägung ausgestellt, von denen einige charmant sind, insbesondere ein Selbstportrait, das sie vor ihrer Abreise der Sammlung des Jeu de Paume, in der mexikanische Kunst bisher so gut wie nicht vorkommt, für die Summe von eintausend Francs überlassen würde."

Am 4. Juli 1939 nahm Rose Valland, ehrenamtliche Assistentin von André Dezarrois am Museum, das Gemälde unter der Inventarnummer 929 in den Bestand auf. Es war der letzte offizielle Neuzugang zur Sammlung vor dem Krieg. Einige Monate später, beim Einmarsch der Nationalsozialisten, wirkte Rose Valland bei der Evakuierung der wertvollsten Stücke des Museums mit. Auch war sie bei der Wiederbeschaffung zahlreicher Kunstwerke während des Krieges und danach beteiligt.

Die staatlichen französischen Kunstsammlungen waren die ersten weltweit, die ein Werk Frida Kahlos erwarben.

Dagegen wurde kein Bild der Ausstellung privat verkauft, im Unterschied zur New Yorker Show, aus der sieben Gemälde verkauft wurden und drei Aufträge hervorgingen. Jacqueline Lamba begründet das mit „Chauvinismus und Missachtung der Frau in Frankreich“. Frida vermittelt Muray ein paar Tage vor Ausstellungsbeginn eine andere Einschätzung der Situation, an deren kommerziellen Erfolg sie nicht glaubt: „Die Leute haben eine Heidenangst vor dem Krieg, und alle Ausstellungen waren Misserfolge, weil die reichen Säcke nichts kaufen wollen.“

Eine Woche nach der Vernissage – mein Vater ist noch in der Villa Noailles – schreibt Frida an ihre Freunde Wolfe in New York „… dass ich mich gut benommen habe und keine Abenteuer, Affären oder Liebhaber hatte – nichts dergleichen […] dass ich Diego mehr liebe als mein Leben, dass ich manchmal auch Nick sehr vermisse, dass ich allmählich ein ernsthafter Mensch werde“.

Frida verschweigt also sogar ihren engsten Freunden ihr Pariser Liebesabenteuer, obwohl sie ihnen sonst alles erzählt.

Mein Vater hatte Paris den Rücken gekehrt und Frida zehn Tage lang ihrem Schicksal überlassen. Vielleicht lag ihnen beiden daran, eine Beziehung nicht überzubewerten, die keine Zukunft hatte.

Als ich meinen Vater in einem Interview darüber sprechen hörte, berührte es mich, wie stark seine Gefühle waren: „Es war eine sehr schöne Zeit, weil sie so intensiv und zugleich begrenzt war. Es war eine Leidenschaft im Stil von André Bretons Buch *L'Amour fou.* Das konnte nicht von Dauer sein, damit hatte sie recht [...] Sie hatte zwar davon gesprochen zurückzukommen, doch ich habe den Eindruck, dass sie das ganz dem Schicksal überließ. Es war eine Sache, die zu Ende war, als sie zu ihrem vorherigen Leben zurückkehrte."

Während mein Vater weg ist, trifft sich Frida weiterhin mit den Freunden, mit denen sie gemeinsam unterwegs waren: Marcel Duchamp und Mary Reynolds, Benjamin Péret und Remedios Vario, die im selben Viertel wohnten, in der Rue Froidevaux, neben dem Friedhof von Montparnasse. Sie trifft auch Wolfgang Paalen und Alice Rahon in der Rue Boulard, direkt ums Eck von der Rue Hallé. Die beiden Malerinnen fühlten sich seit ihrer ersten Begegnung zueinander hingezogen. Alice hatte Frida nach ihrer Rückkehr nach Mexiko geschrieben: „Wenn Du dieses Lied singst, erinnere ich mich an die Form Deines Mundes, als sähe ich ihn vor mir."

Frida trifft sich auch gern mit Dora Maar; stundenlang sprechen sie über Malerei, über ihre Bewunderung für ihre „großen" Männer, Pablo Picasso und Diego Rivera, und von der Schwierigkeit, in ihrer Nähe kreativ zu sein – manchmal auch schlicht, in ihrer Nähe zu leben. Sie stellen sich die Kinder vor, die sie nicht haben. Frida denkt, dass die Männer die Könige sind und die Welt beherrschen. Ein Überbleibsel dieser gemeinsamen Stunden ist eine schöne Bleistiftzeichnung Doras, die Frida auf ihrem Bett zeigt. Sie liegt mit ge-

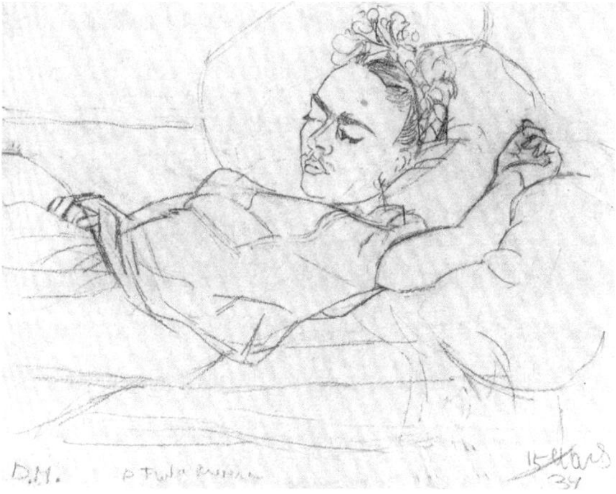

Frida Kahlo, Paris 1939, Zeichnung von Dora Maar

schlossenen Augen auf dem Rücken, in einer intimen Situation den Blicken ausgesetzt; den linken Arm hat sie nahe dem Gesicht auf dem Kissen abgelegt, den anderen auf dem Bauch. Ihr Gesicht ist entspannt – vielleicht schläft sie –, um ihren Kopf ranken sich Blumen. Dora macht in ihrem Atelier in der Rue d'Astorg auch ein paar Ganzkörperaufnahmen, übrigens die einzigen, die von Fridas Parisaufenthalt erhalten sind.

Frida spaziert mit Jacqueline durch Paris, und Jacqueline zeigt ihr die Place des Vosges, den kleinen Garten hinter Notre-Dame, die überdachten Passagen der großen Boulevards, die Seine-Ufer, das Quartier Latin, den Jardin du Luxembourg. Vom Flohmarkt in Saint-Ouen kommt Frida mit zwei antiken Porzellanpuppen zurück, die sie auf dem staubigen Boden gefunden hat. Die eine ist blond und blauäugig und trägt ein Brautkleid. Frida ist ganz vernarrt in sie. Die andere, die sie weniger hübsch findet, ist blond und hat schwarze Augen. Die Gummibänder, die Gliedmaßen, Rumpf und Kopf der Puppen zusammenhielten, waren so ausgeleiert, dass sie zu torkeln schienen, was Frida bezaubert, denn es erinnert sie an ihre Kindheit. Eine schenkt sie Jacqueline, die andere nimmt sie mit nach Mexiko.

Sie bekommt mehrere Postkarten von meinem Vater und platziert sie auf ihrem Nachttisch, nachdem sie sie gelesen hat; der Gedanke, dass sich alles um sie dreht, dass sie von neuen Freunden, von Geliebten und Liebhaberinnen, echten oder potenziellen, umgeben ist, begeistert sie.

Mein Vater verbringt diese Zeit mit Marie-Laure de Noailles in Hyères, in deren herrlichem Haus, das der Architekt Robert Mallet-Stevens entworfen hat. Das Haus verfügt über fünfundzwanzig Zimmer und ebenso viele Badezimmer, es erinnert an ein Passagierschiff, das an einem Hügel oberhalb der ziegelgedeckten Dächer der kleinen Stadt angelegt zu haben scheint. Es besteht aus unterschiedlich großen Betonkuben und hat einen Bug, einen Schlot, eine Reling, Gärten und Balkone und einen großen überdachten Swimmingpool. Mein Vater geht gern in der Sporthalle boxen, liest gern mit Marie-Laure auf der oberen Brücke, wenn die Sonne scheint, er organisiert gern gemeinsame Abendessen mit zahlreichen Gästen, er liebt die Bootsausflüge zur benachbarten Insel Porquerolles, Spritztouren mit seinen Freunden durch die Bars von Toulon. Sein Schwung und seine Offenheit machen ihn bei den Freunden von Charles und Marie-

Laure de Noailles sehr beliebt. Später wird Charles zu meinem Vater, dem Liebhaber seiner Frau, sagen, dass es in dem Haus nie so fröhlich und lebhaft zuging wie zu der Zeit, als er sich dort aufhielt.

Doch in diesen Tagen ist er mit seinen Gedanken woanders. Er denkt unaufhörlich an Frida und spürt, dass ihm die Entfernung zusetzt. Er weiß, dass bei ihr nur zählt, was im Augenblick gelebt wird. Doch wie soll er sein Begehren zum Ausdruck bringen, da er doch so weit weg ist?

Am 15. März fährt er mit dem Chauffeur zum Bahnhof, um Man Ray abzuholen. Während er auf den Zug wartet, kauft er eine Zeitung und liest auf der Titelseite, dass Hitler das Münchner Abkommen gebrochen hat und in die Tschechoslowakei einmarschiert ist. Das Land hat sich kampflos ergeben, und die Hakenkreuzfahne weht ab jetzt über dem Königsschloss in Prag. Er muss unwillkürlich, als wäre es ein dunkles Vorzeichen, an die Gespenster des Krieges denken, denen er im Hospital von Vierzon begegnet ist. Wird das wirklich alles wieder von vorne anfangen?

Bei seiner Rückkehr nach Paris, einige Tage vor Fridas Abreise, geht er in die Rue Dragon, nahe der Kirche Saint-Sulpice, zu einem Handwerker, der auf die Herstellung von Hostienbehältern spezialisiert ist, um bei ihm eine Schmuckschatulle in Auftrag zu geben: „Ich wollte, dass sie ein Behältnis für ihren wunderbaren Jadeschmuck hat, für den Schmuck mit den alten Steinen – Obsidian, Smaragd – und für ihre Ketten aus Bein. Es war ein kleiner, dreistöckiger Koffer aus Pergament. In seinem Inneren war er unterteilt und mit einem Stoff in den mexikanischen Farben Magenta und Solferino ausgeschlagen."

Am 23. März gehen mein Vater und Frida Kahlo gemeinsam in die Galerie, um das Verpacken der Gemälde zu überwachen. Die Bilder waren abgenommen worden und lehnten an den Wänden. Sie bittet ihn, sich ein Bild auszusuchen, das sie ihm schenken möchte. Das Angebot trifft ihn unvorbereitet, doch er zögert nicht lange und deutet auf *Das Herz*.

Warum wählt er ausgerechnet dieses Bild? Vielleicht wegen der Nacht, die sie in der Galerie zugebracht haben und in Erinnerung an den Moment, als er das rote Herz grün sah. Vielleicht, weil das Herz zugleich für Leidenschaft und Trennungsschmerz steht. Sie nimmt das Bild, überreicht es ihm und sagt mit sanfter Stimme: „Damit du mich nicht vergisst."

Er schenkt ihr drei Photos von sich, auf denen er noch jünger ist … „Damit du an mich denkst."

Eines zeigt ihn in einer schneebedeckten Berglandschaft, er steht auf Skiern mit einem leichten Hüftschwung im abschüssigen Gelände, die Hände auf die Skistöcke gestützt. Das Wetter ist schön, er trägt ein Polohemd, und sein Schatten fällt auf den Schnee. Auf dem zweiten Bild, das ihn in derselben Umgebung zeigt, sieht man ihn von etwas näher, er blickt mit leicht zusammengekniffenen Augen zur Seite in die Ferne. Das dritte scheint ein Schnappschuss zu sein, es wirkt, als sei er in einem Keller überrascht worden, wie er, mit Shorts und Espadrilles bekleidet, aus einer Flasche Chianti trinkt. Er setzt sich lächelnd in Positur, sodass man es für einen Scherz hält. Hinter ihm stecken fünfzehn leere Chiantiflaschen umgedreht auf einem großen Flaschenhalter aus Metall.

Sie widmet ihm ebenfalls ein Schwarzweiß-Photo von einem gemalten Selbstportrait mit einem Affen. Unten rechts hat sie geschrieben: *Michel, todo mi corazon, Frida, Paris 23 marzo 1939.*

Am nächsten Tag begleitet er sie mit ihrem Gepäck zur Gare Saint-Lazare, wo Breton und einige weitere Freunde sie erwarten. Im Augenblick des Abschieds wird meinem Vater bewusst, wie sehr ihm an ihr liegt. Die Trennung ist schmerzhaft. Ganz treue Freundin, begleitet Jacqueline Frida im Zug nach Le Havre und hilft ihr, aufs Schiff zu kommen, das sie nach New York bringt.

Genau wie Frida war mein Vater ein Verführer und blühte auf im Umkreis der Surrealisten, die einen sehr freien Umgang mit Sexualität pflegten. Mit Frida waren seine Erlebnisse diesbezüglich wahrscheinlich sehr erfüllend, sie ihrerseits bekannte sich übrigens freimütig dazu, sie liebte, „es zu tun".

Doch seine Beziehung mit ihr sprengte diesen Rahmen. Er hatte in ihr eine besondere und geheimnisvolle Person gesehen; die außergewöhnliche Dimension war ihm nicht verborgen geblieben.

„Frida war eine Dame von außergewöhnlichem Format in Bezug auf ihre Würde und ihre Unerbittlichkeit. Sie war von Natur aus anders als alle anderen, das hatte sie sich nicht erst im Lauf der Zeit angeeignet. Sie war sehr vornehm, eine echte Prinzessin."

Nachdem er mit Frida mexikanischen Flair geatmet hatte, weckten die Perspektive, in das charmant dekadente Umfeld von Marie-Laure Noailles zurückzukehren, ebenso wie der drohende Krieg eher Lust, sich in das Universum der rebellischen und eigenständigen Mexikanerin zu flüchten, die einen einzigartigen Malstil mit Anklängen an Psychoanalyse, Ethnologie und Landesgeschichte geschaffen hatte.

Nach und nach wurde ihm bewusst, was er durch ihre Abreise verloren hatte; um über den Ozean hinweg den Kontakt zu ihr aufrechtzuerhalten und auch um ihr zu zeigen, dass er an ihr hing, legte er sich einen Plan zurecht: „Ich hatte alles gut kalkuliert, als sie abfuhr, ich schickte ihr Telegramme und Liebesbriefe, die sie bei der Ankunft an ihren Reisezielen jeweils vorfinden sollte."

Brief vom 24. März 1939

Ich kann gar nicht glauben, dass Du wirklich abgereist bist, ich habe mich so daran gewöhnt, Dich um mich zu haben. Ich kann Dir nicht viel Neues erzählen, da der Brief mit Dir mitreist. Als Neuigkeit kann ich Dir dennoch sagen, dass ich an Dich denke, auch wenn Du auf der anderen Seite des Atlantiks bist, dass ich Dich sehr, sehr liebe, auch wenn Du auf der anderen Seite des Atlantiks bist. Guten Abend, mein kleiner Maibaum, hüpf in die Sonne, umarme Deine Affen, trink nicht zu viel in New York. Ich küsse Dich.
Michel

Brief vom 25. März 1939, 22 Uhr 32
Radio-Telegramm via Saint-Nazaire
Ursprungsort: Paris, acht Worte – Madame Rivera.
Passagierin Normandie FFK. *Hallo, Frida. Michel*

Am selben Tag hatte sie per Telegramm geantwortet:
Ich denke an Dich, mit Zärtlichkeit

Brief vom 29. März 1939
Frida, Frida. Paris ist ziemlich leer, es fehlen Unterröcke und Blumen im Haar. Ich mag Dein Bild immer mehr. Es steht jetzt neben mir. Es ist wirklich ein wunderbares Geschenk. Ich habe nichts gemacht, seit Du weggefahren bist, ich habe meine Versprechen gehalten und war brav, ganz brav. Jacqueline hat mich angerufen und mir von der Abreise erzählt, sie hat mir auch berichtet, dass Du die Kisten mit den Bildern nicht bei Dir hattest. Diese Idioten von Tailleur haben sie im Laderaum mitgeschickt, obwohl wir ihnen doch eigens alles erklärte hatten. Ich kümmere mich um den Transfer der Flüchtlinge nach Mexiko. Bergery hat eine Anfrage gestellt, und wir warten auf eine Antwort vom Ratsvorsitz. Ich bleibe mit Gorkin und Leduc in Verbindung. Manuelo kommt jeden Tag vorbei, und ich hoffe, dass ich das Geld auftreiben

kann, das er braucht, um auszureisen. Gestern Mary und Marcel Duchamp gesehen, sehr lieb und sehr bewegt, wenn sie von Dir sprechen, das Photo von Dir wacht über das untere Zimmer, mitten vor dem Fenstergitter, das scheint der Ehrenplatz zu sein.
Du fehlst mir sehr, ich hatte mich so daran gewöhnt, Dich zu sehen, und es gibt noch so viel in Paris, was ich gern mit Dir zusammen gesehen hätte. Aber ich bin sicher, dass Du wiederkommst und dass Du all das Pariser Ungemach schnell vergessen wirst, und was bleiben wird, ist die Erinnerung an einen Jungen mit roter Nase, der Dich sehr, sehr liebt, das ist wirklich wahr. Von Diego gibt es noch immer keine Neuigkeiten, ich glaube, die französische Regierung wird eine offizielle Anfrage an die mexikanische Regierung stellen. Ich hoffe, dass die Schmuckschatulle gute Dienste tut. Ich werde Dir einen zweiten Schlüssel dafür nach Mexiko schicken.
Ich liebe Dich und küsse Dich, vergiss mich nicht zu schnell. Sei brav und bleib wohlauf. Ich habe solche Angst, dass Du noch mal Probleme hast wie in Paris und leiden und zittern musst wie ein Espenlaubblättchen.
Ich küsse Dich.
Michel

Brief vom 31. März 1939

Guten Tag, Frida. Es kommt mir so vor, als sei ein Jahr vergangen, seit Du abgereist bist, und ich bin traurig, dass ich keine Nachrichten von Dir habe.

Heute ist der erste Frühlingstag, die Sonne scheint, und Paris ist wunderbar. Düster ist nur die Tatsache, dass Du nicht da bist, um das zu sehen. Ich habe Dir zweimal ins Barbizon Plaza geschrieben und hoffe, dass Du die Briefe erhalten hast; dass Post verloren geht, ist meine große Befürchtung, ich spüre sie körperlich. Hinsichtlich der spanischen Flüchtlinge gibt es nichts Neues, das dauert alles immer sehr lange. Hier reden alle vom Krieg, und die Leute teilen Europa beim Aperitif großzügig auf – sehr französisch, dieses Verhalten. Ich möchte Dich sehen oder wenigstens etwas hören von Dir. Ich bin eifersüchtig auf Amerika und die Amerikaner. Ich glaube ich verliebe mich sehr, sehr in Dich.

Ich küsse Dich „folglich".

Ich küsse Dich.

Michel

Am 1. April 1939 endet der Spanische Bürgerkrieg und General Franco kommt an die Macht. Die Diktatur, die er bis zu seinem Lebensende aufrechterhält, stützt sich auf das Militär, die Kirche und die Einheitspartei. Vereine, Gewerkschaften, politische Parteien und Streiks sind verboten. Frankreich und Großbritannien erkennen das Regime an.

Brief vom 7. April 1939

Es herrscht eine üble Atmosphäre, und alles riecht nach Krieg, sogar mein Optimismus ist langsam etwas angegriffen. Die Geschichte mit Albanien ist die gemeinste aller Feigheiten. Mussolini ist der Typ Mensch, der sich von seiner Frau anbrüllen lässt und dann aus Rache nach kleinen Hunden tritt, die ihm über den Weg laufen. Ich weiß nicht, ob wir den Krieg noch vermeiden können. Alles ist sehr schnell eskaliert, nachdem ich Dich verlassen habe, oder besser: nachdem Du mich verlassen hast. Ich dachte wirklich, dass ich Dich über kurz oder lang wiedersehen würde. Nun ja, wir werden sehen.
Ich küsse Dich ganz oft, so sehr wie ich Dich liebe.
Ich küsse Dich.
Michel

Auf diese Briefe angesprochen und auf die Tatsache, dass sie unbeantwortet blieben, sagte er: „Es war eine große Leidenschaft, aber wie soll man so etwas mit kleinen Worten aufrechterhalten? Das bewirkt nichts."

Nach dem Krieg

Wenn man bedenkt, wie Frida Kahlos Leben weiterging, scheint ihre Reise nach New York und Paris eine der besten Phasen ihres Lebens gewesen zu sein und ganz gewiss ein Wendepunkt. Zum ersten Mal war sie unabhängig und reiste allein, ohne Diego. In New York hatte sie Bilder verkauft und war finanziell nicht mehr von ihrem Mann abhängig. Ihre internationalen Ausstellungen brachten ihr die Anerkennung von Publikum, Künstlern und Kunstkritikern ein. Sie war nicht mehr Madame Rivera, sie war Frida Kahlo geworden. Lange nach ihrer Reise nach Frankreich sagte sie (und widersprach damit teilweise dem, was sie über das Land und die Surrealisten gesagt hatte): „Dort [in Paris] malte ich nichts. Ich hatte nur eine herrliche Zeit und war untätig."

Als sie Paris verlässt, kommen unangenehme Dinge auf sie zu. Kaum ist sie in Mexiko angekommen, kündigt ihr Nickolas Muray per Brief an, dass er demnächst heiraten wird; damit setzt er ihrer Beziehung

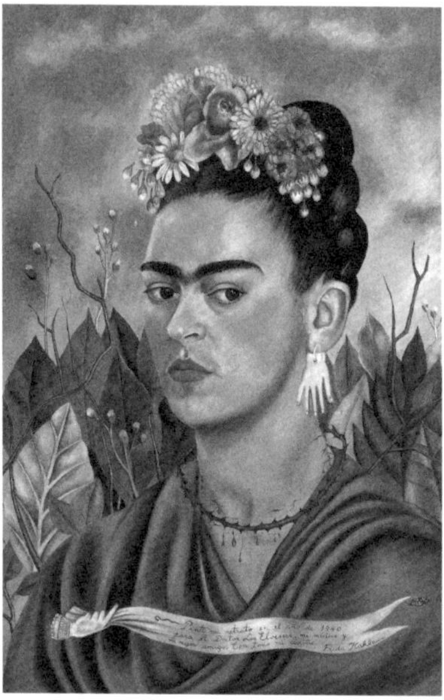

Frida Kahlo, *Selbstbildnis Dr. Eloesser gewidmet*, 1940

jäh ein Ende. Zur selben Zeit leitet Diego Schritte für die Scheidung ein. Frida will die erste Geige spielen, bleibt aber immer Zweite. Das gilt sogar für ihre kurze Geschichte mit meinem Vater. Kurze Zeit später wird Leo Trotzki, den sie trotz allem immer noch bewundert, direkt nebenan umgebracht. Ihre Welt geriet ins Wanken, es folgen Suizidversuche, gefährliche Alkoholabhängigkeit, chronische Schmerz- und Müdigkeitssyndrome. In den folgenden Jahren verschlechtert sich ihr Gesundheitszustand, und sie konsultiert zahllose Ärzte in Mexiko und den USA zu verschiedenen, meist unheilbaren Problemen. Sie unterzieht sich sehr schweren Operationen an der Wirbelsäule und muss über weite Strecken Metall- und Gipskorsetts tragen. Leiden und Depression werden zu ihren alltäglichen Begleitern. Am Leben zu bleiben wird zum zentralen Zweck, Malen zum Hauptziel ihres Lebens.

Eine Spur ihres Pariser Aufenthalts findet sich in einem Werk von 1940 mit dem Titel *Selbstbildnis, Dr. Eloesser gewidmet*, auf dem Frida den Ohrschmuck in Form von Händen trägt, den Picasso ihr geschenkt hat.

Ab September 1939 war mein Vater während der „drôle de guerre“, des sogenannten Sitzkriegs, als Unteroffizier mobilisiert, 1940 nimmt er an der Schlacht um Frankreich teil und wird verwundet. Einige Monate später gründet er in Paris eine offizielle Zeitung für die französischen Kriegsgefangenen in Deutschland und stellt heimlich falsche Papiere für Flüchtlinge aus. Er wird an die Gestapo verraten und nach seiner Verurteilung für zweieinhalb Jahre zur Zwangsarbeit nach Deutschland geschickt. Seinen Freunden zufolge war er nach dieser Tortur nicht mehr derselbe heitere, lustige, sympathische und wagemutige Mann, den sie aus

Vorkriegszeiten kannten, er war zurückhaltender geworden und verfiel von Zeit zu Zeit in Depressionen.

Frida Kahlo starb 1954, ich war zu dem Zeitpunkt drei Jahre alt. Zu Hause hing *Das Herz* an der Wohnzimmerwand und befand sich in guter Gesellschaft mit einer Dogon-Maske, einer kleinen Skulptur aus Eisendraht von Calder, die die Form einer Kuh hatte, einer frühen Landschaft von Dalí, einer Skizze von Max Ernst. Ohne mir dessen bewusst zu sein, wuchs ich inmitten von Kunstwerken auf, die untereinander verbunden waren und wie ein Hintergrundraster Zeugnis ablegten vom Vorkriegsleben meines Vaters.

Während meiner Jugend durchlebte ich eine Phase großer Einsamkeit. Es war keine körperliche Einsamkeit, denn ich hatte sieben Geschwister und zahlreiche Freunde um mich herum, nein, vielmehr war es eine Einsamkeit in mir. Wie alle Heranwachsenden war ich besessen von immer denselben Fragen: Wer bin ich? Woher komme ich? Dem Anschein nach war alles bestens, ich kam in Salvador Dalís Wohnung in der Rue de l'Université zur Welt, wahrscheinlich sogar in seinem Bett, und das schien mir ein gutes Vorzeichen für mein Leben zu sein. Doch diese biographische Besonderheit konnte eine Lücke nicht kaschieren, und das war die Abwesenheit einer Vaterfigur. Da ich nicht wirklich wusste, wer er war, konnte ich ihn mir unmöglich zum Vorbild nehmen, als jemanden, mit dem ich mich hätte identifizieren wollen oder können.

Damals half mir Frida Kahlos Bild, das ich täglich zu Hause sah, unbewusst aus meiner inneren Isolation heraus. Ein blutiges Herz: Schmerz. Eine Frau ohne Hände: der Verlust des Selbst. Das Selbstportrait, die Frage nach der Identität. All das sprach mich an. Ich spürte, dass sie tiefgreifende und unausweichliche Dinge zum Ausdruck brachte, die mich sehr direkt betrafen. Mehrere Jahre lang zeichnete und malte ich meine Ängste in der Art, wie Frida Kahlo es getan hatte. Ich schuf realistische, symbolische, farbige Gemälde, in denen es um körperliche und seelische Leiden und ein Hinterfragen der Sexualität ging: trostlose Landschaften ohne Spuren von Menschen, eine leidende Pflanzenwelt, einsame Personen, Gesichter, von denen die Haut abgezogen war – dabei wandelte ich Funktion und Maßstab der dargestellten Gegenstände und Wesen ab.

Fridas Malerei hatte mir den Weg gezeigt: Ich hatte, wenn ich wollte, die Freiheit, mit Formen, Farben und Metaphern auszudrücken, was ich nicht in Worte fassen konnte.

Ab 1979 – ich war damals achtundzwanzig Jahre alt – wurde mein Vater wegen Frida Kahlo von Kunsthistorikern angesprochen. Ab diesem Moment habe ich erst wirklich verstanden, wer sie war und wie bedeutend ihr Werk war. Nancy Deffebach und Hayden Herrera, beide Amerikanerinnen, arbeiteten an Büchern und wollten Informationen über *Das Herz* haben, das bis dato niemand gesehen hatte, da es sich seit 1939 im Besitz meines Vaters befand. Die beiden wollten auch wissen, wie es dazu gekommen war, dass Frida ihm das Bild geschenkt hatte. Nachdem Hayden Herrera 1983 ihr Buch *Frida* veröffentlicht hatte, stieg die Zahl der Anfragen, das Bild als Leihgabe zu bekommen und es reproduzieren zu dürfen, sprunghaft an; endlich wurde es von einem größeren Publikum entdeckt und offiziell in das Gesamtwerk der Künstlerin (etwa einhundertfünfzig Bilder) aufgenommen.

Ich war gerade dabei, die Arbeit am vorliegenden Buch abzuschließen, als Salomon Grimberg mir schrieb und mir folgende großartige Geschichte erzählte: Er hatte meinen Vater 1987 getroffen, weil er ihn bitten wollte, das Bild als Leihgabe in eine geplante Ausstellung nach Dallas zu geben, und war verblüfft von der Antwort meines Vaters – er wolle das Bild gern zur Verfügung stellen, jedoch ausdrücklich *als Privatperson.* Über das Museum, das er ohnehin nicht kannte, wollte er nichts hören. Mein Vater vertraute Grimberg das einzigartige Werk also an, obwohl sie sich zum ersten Mal sahen.

Als das Treffen unmittelbar bevorstand und Grimberg seine Reise von Dallas nach Paris und zurück antrat, um das Bild abzuholen, hatte das Flugzeug aufgrund von Nebel Verspätung und landete um 2 Uhr morgens in Paris. Mein Vater stand putzmunter in der Ankunftshalle und überreichte Grimberg das Bild zu treuen Händen.

Diese Geschichte sagt meiner Meinung nach alles über meinen Vater: er war ziemlich großzügig, machte sich keine Sorgen und war bereit, einem Unbekannten, dessen Gesicht er vertraute, Frida Kahlos Werk zu überlassen, an dem er doch so sehr hing.

Als engagierte, antikonformistische, bisexuelle Künstlerin wurde Frida Kahlo von den Feministinnen in den USA und in Europa in den 1980er Jahren wiederentdeckt. Die unterschiedlichsten Leute vereinnahmten ihr Leben und ihr Werk plötzlich aus ganz verschiedenen Gründen für sich: die unmögliche Liebe zu Diego, ihr Leiden infolge der Krankheit, ihre sexuelle Freizügigkeit, die Kraft eines verschlüsselten Werks.

Die Arbeiten, Archive und Häuser von Frida Kahlo wurden mithilfe der Bank von Mexiko, die Zugang und Vermarktung streng überwacht, Eigentum der mexikanischen Regierung. Die durchschnittliche Bewertung eines Bildes ist von fünfzigtausend Dollar in den 1970er Jahren auf eine Million Dollar zwanzig Jahre später gestiegen. Mein Vater wurde von vielen Menschen angesprochen, die *Das Herz* kaufen wollten, darunter die Sängerin Madonna.

Das Bild wurde kurz vor dem Tod meines Vaters versteigert und ich habe nie herausbekommen, wer es gekauft hat und in welchem Land es sich jetzt befindet.

* * *

DANK

Der Autor denkt ganz besonders an seine Tochter Camille und seine Geschwister.

Er dankt
Jaime Moreno Villarreal, Nancy Deffebach
sowie
Aube Breton, Michèle Chomette, Salomon Grimberg, Ethel Hammer, Martine Monteau, Mahaut Nobécourt, Dominique Rabourdin, Ruth Thorne-Thomsen, Judith Thurman, Hilda Trujillo, Rachel Viné, Victoria Combalia, Lucie Lesvenan, Elena Akar und dem Verlagshaus Christian Bourgeois.

ANMERKUNGEN
VON MICHAELA ANGERMAIR

Motto, S. 7
Joë Bousquet (1897–1950), Schriftsteller. Er wurde im Ersten Weltkrieg verwundet und war seit 1918 gelähmt. Von 1925 bis zu seinem Tod konnte er das Schlafzimmer seines Hauses in Carcassonne nicht mehr verlassen.

Ein Treffen

S. 7
Er verriet nur, dass es um meinen Vater ginge:
Der Vater des Autors, **Michel Petitjean** (1910–1993), war ausgebildeter Agrarökonom, studierte Volkskunde und wurde durch seine Arbeit am Ethnographischen Museum Spezialist für mittelamerikanische Kulturen, er arbeitete als Journalist und engagierte sich für den Trotzkismus. Gemeinsam mit Henri Langlois und Georges Franju gründete er 1935 die Cinémathèque française.

S. 9
Claude Mauriac (1914–1996) war Autor und Journalist. Der älteste Sohn des Autors François Mauriac war 1944 bis 1949 persönlicher Sekretär von Charles de Gaulle und arbeitete anschließend als Filmkritiker und Kunstredakteur bei *Le Figaro.* Er forschte über Marcel Proust, den Großonkel seiner Frau, und war mit dem Philosophen Michel Foucault befreundet.

S. 10
Nickolas Muray (1892–1965), amerikanischer Photograph mit ungarischen Wurzeln (geboren als Miklós Mandl), erlangte

Bekanntheit als erfolgreicher Säbelfechter und Mitglied der US-Olympiamannschaft 1932. Später gründete er eine Photostudio in New York und machte sich einen Namen mit Werbephotos und Portraits für *Vanity Fair* und *Harper's Bazaar.*

S. 14
Diego Rivera (1886–1957) gilt als bedeutendster moderner Maler Mexikos und erlangte über Aufträge in den Vereinigten Staaten auch internationalen Ruhm. Er schuf u.a. zahlreiche Wandbilder im Fresken-Stil (Murales) für öffentliche Gebäude.

Rückblende

S. 22
Rebozo: Ein typisch mexikanisches Kleidungsstück für Frauen, eine Art rechteckiger Schal von 1,5 bis 3 m Länge. Er kann aus den unterschiedlichsten Stoffen von Baumwolle über Seide bis Wolle bestehen und wird als Schultertuch, Kopftuch oder zum Transport von kleinen Kindern oder auch Waren genutzt.

S. 25
Jacqueline Lamba (1910–1993) arbeitete als Photographin, Tänzerin und Malerin und war von 1934 bis 1943 Muse und zweite Ehefrau des Surrealisten André Breton.

Dora Maar (1907–1997), geborene Henriette Theodora Markovitch, war Photographin, Malerin und Modell. 1936 lernte sie Pablo Picasso kennen und wurde seine Muse und Geliebte. Über sie kam die Bekanntschaft zwischen Picasso und Breton zustande.

André Breton (1896–1966), Dichter, Schriftsteller und wichtigster Theoretiker des Surrealismus.

S. 27
Marcel Duchamp (1887–1968) war Maler und Objektkünstler, Erfinder des Ready-made, Mitbegründer der Konzeptkunst, Wegbereiter von Dadaismus und Surrealismus.

Julien Gracq (1910–2007), Schriftsteller.

Massen von Kunstobjekten, die allüberall an den Wänden hängen … Zweigen, Lianen und Dornen ausweichen: Julien Gracq, *Lesend schreiben.*
Le foisonnement des objets d'art cramponné de partout aux murs a rétréci peu à peu l'espace disponible; on n'y circule que selon des cheminements précis, aménagés par l'usage, en évitant au long de sa route les branches, les lianes et les épines d'une sente de forêt.

S. 29
Als ich ankam, waren die Bilder noch beim Zoll …
aus: Frida Kahlo, *Dir sende ich mein ganzes Herz, Liebesbriefe*, München, 2009, S. 92.

Die Bretons in Mexiko

S. 31
Leo Trotzki (1879–1940), gebürtig Lew Dawidowitsch Bronstein, der sich ab 1902 Trotzki nannte, war maßgeblicher Organisator der russischen Oktoberrevolution 1917 und in seiner Funktion als Kriegskommissar Mitbegründer der Roten Armee. Nach Lenins Tod 1924 wurde er durch Josef Stalin nach und nach entmachtet und schließlich ins Exil gezwungen. 1940 wurde er in Mexiko im Auftrag Stalins von einem sowjetischen Agenten ermordet.

Natalja Iwanowna Sedowa (1882–1962), russische Revolutionärin, wurde 1903 die zweite Ehefrau von Leo Trotzki, dem sie ab 1928 in Verbannung und Exil folgte. Sie hatten zwei gemeinsame Söhne, die, wie Trotzki, von Stalinisten ermordet wurden.

S. 40
Le hasard objectif, auf Deutsch: der objektive Zufall, ist eine zentrale Kategorie des Surrealismus, von Breton als Begegnung einer äußeren Kausalität und einer inneren Finalität definiert. Der Zufall gilt als Begriff für die Konstitution des Subjekts und seiner Beziehung zur Wirklichkeit, aber auch als ästhetisch organisierendes Prinzip, das nur scheinbar ohne den Künstler funktioniert.

Ich begegnete dem surrealistischen Wesen Mexicos … auch in seinem hochgespannten Ehrgeiz:
André Breton, zitiert von Christine Frérot, *Théorie au pays des esprits, Mélusine Nr. IXX.* Hayden Herrera, *Frida Kahlo, Ein leidenschaftliches Leben*, Frankfurt, 2000, S. 193
Je trouve le Mexique surréaliste dans son relief, dans sa flore, dans le dynamisme que lui confère le mélange de ses races, et aussi dans ses aspirations les plus élevées.

Frida und die Surrealisten

S. 42
Charles Ratton (1897–1986) war Kunsthändler und mit seinen Schwerpunkten afrikanische und präkolumbianische Kunst ein Vorreiter auf diesem Sektor. Seine in der Rue Marignan im 8. Pariser Arrondissement 1927 gegründete Galerie bestand sechzig Jahre lang, mit seiner Sammlung beschickte er internationale Ausstellungen. Das Musée du quai Branly widmete ihm 2013 die Ausstellung *Charles Ratton, l'invention des Arts „primitifs"*.

S. 44

Marie-Laure de Noailles (1902–1970) wurde als einzige Tochter des Pariser Bankiers Maurice Bischoffsheim geboren und heiratete 1923 Charles Vicomte de Noailles. Im gemeinsamen Haus in Hyères in Südfrankreich empfing das Paar Künstler. Bald machte sich Marie-Laure einen Namen als Mäzenin und Förderin der Kubisten und Surrealisten. Der Skandalfilm *L'Âge d'Or* von Buñuel – Dalí schrieb das Drehbuch – wurde in der Villa in Hyères uraufgeführt.

S. 45

Michel Petitjean nimmt mich mit ... Als alkoholisches Getränk? Gin: aus: Claude Mauriac, *Le Temps immobile*, Grasset, 1976. *Michel Petitjean me conduit place des États-Unis, chez Marie-Laure de Noailles ... Nous allâmes dans le jardin cerné de glaces où une lumière laiteuse tombait des marronniers teintés d'absinthe. On joua au portrait : si c'était une scène de la Bible que serait-ce? Si c'était un océan? Etc. Jeu où chacun déploie des trésors de subtilité qu'il est le seul bien souvent à apprécier. Vers minuit, Gaston Bergery (homme politique de gauche) arrive. Il prend part au jeu. Et s'y donne avec une méticuleuse intelligence. Bettina est d'une beauté fraîche et acide. Si c'était un fruit? Ce serait un pamplemousse. Si c'était une liqueur? Ce serait du Gin.*

Gaston Bergery (1892–1974), linker Politiker und Mitbegründer der zweimonatlich erscheinenden Zeitung *La Flèche*, später Botschafter des Vichy-Regimes und nach Kriegsende als Kollaborateur angeklagt. Ab 1934 war er in dritter Ehe mit Elizabeth, Shaw-Jones, genannt „Bettina", einer Assistentin der Modeschöpferin Elsa Schiaparelli, verheiratet.

S. 46

Galerie Renou et Colle: Die Galerie wurde 1935 als Gemeinschaftsprojekt von Maurice Renou und Pierre Colle

(1909–1948) gegründet und zeigte in der Zwischenkriegszeit surrealistische Kunst, u.a. 1938 eine Ausstellung der Werke von Wolfgang Paalen. Nach dem Zweiten Weltkrieg führte Maurice Renou die Galerie unter dem Namen Renou et Poyet weiter und stellte u.a. Stücke aus seiner Sammlung afrikanischer Kunst aus. Pierre Colle führte parallel zur Zusammenarbeit mit Renou die 1924 gegründete Galerie Pierre Loeb unter seinem Namen weiter, in der 1925, ein Jahr nach Bretons *Manifeste du Surréalisme*, die erste Ausstellung der Surrealisten stattfand. Die Galerie Pierre Colle bestand bis 1963.

S. 47
Manuel Alvarez Bravo (1902–2002) war der Pionier der künstlerischen Photographie in Mexiko und gilt als Hauptrepräsentant der lateinamerikanischen Photographie des 20. Jahrhunderts.

Julien Levy (1906–1981) war ein amerikanischer Kunsthändler, Galerist und Sammler. Mit 21 Jahren zog der gebürtige New Yorker für drei Jahre nach Paris und lernte dort Man Ray, Marcel Duchamp, Berenice Abbott und Eugène Atget kennen. In seiner New Yorker Galerie zeigte er Werke der französischen Photographie, surrealistische Gemälde und Filme. Unter anderem hatte Buñuels *Un chien andalou* dort seine USA-Premiere.

S. 49
Rote Erde, jungfräuliche Erde … wie die allgegenwärtige Agave es in ihrer Blüte tut:
Terre rouge, terre vierge tout impregnée du plus généreux sang, terre où la vie de l'homme est sans prix, toujours prête comme l'agave à perte de vue qui l'exprime à se consumer dans une fleur de désir et de danger.

Costal l'Indien: Gabriel Ferry, *Costal l'Indien, scènes de la guerre d'Indépendance du Mexique,* Hachette et Cie, 1852, in deutscher Übersetzung: *Der Schwur, Historischer Roman aus dem mexicanischen Unabhängigkeitskriege,* Berlin, o.J., die Einleitung (Introduction) fehlt.

S. 50

Gabriel Ferry (1809–1852), Schriftsteller und Verfasser von Abenteuerromanen. Sein 1850 erschienener Roman *Le coureur des bois* wurde in deutscher Übersetzung von Karl May bearbeitet und als Band 70 in dessen *Gesammelte Werke* integriert.

Die halbnackten Gliedmaßen des Eingeborenen … des indianischen Reisenden:
Les membres à moitié nus de l'Indien fumaient encore comme ceux d'un cheval de course. Sans donner le temps de se dissiper aux légers tourbillons de vapeur que la fraîcheur de la nuit condensait autour de lui, le Zapothèque reprit le pas gymnastique si particulier à toutes les races indiennens, et je le vis bientôt descendre par le sentier opposé, à l'autre extrémité du plateau. Quelques minutes après, j'entendis, au milieu du silence de la nuit déjà moins profond, les notes rauques et vibrantes de la conque marine du voyageur indien.

S. 54

Benjamin Péret (1899–1959), Dichter und Mitbegründer der Surrealisten, politisch engagiert im linken trotzkistischen Lager und im Spanischen Bürgerkrieg auf Seiten der Kommunisten und Anarchisten. Laut Breton dessen „treuester und ältester Kampfgenosse". Zehn Jahre lang war er mit der spanischen Malerin **Remedios Varo** (1908–1963) verheiratet. (s.a. S. 101)

Wolfgang Paalen (1905–1959), österreichischer Maler, Bildhauer und Kunsttheoretiker. Von 1934 bis 1947 war er mit der

Schriftstellerin und surrealistischen Künstlerin **Alice Rahon** (1904–1987) verheiratet.

S. 56
Du kannst Dir nicht vorstellen, was diese Leute für Kanaillen sind: Frida Kahlo, *„Dir sende ich mein ganzes Herz", Liebesbriefe*, München, 2007, S. 94.

S. 60
Robert Desnos (1900–1945), Schriftsteller, Lyriker und Journalist, als Widerstandskämpfer gegen die Nationalsozialisten inhaftiert und kurz nach der Befreiung von Theresienstadt gestorben.

Manche von ihnen hatten 1924 bei der Arbeit an Un cadavre *mitgewirkt*: Hier ist richtigzustellen, dass Breton 1924 die erste Ausgabe von *Un cadavre* maßgeblich mitgestaltet hat und darin gegen den kurz zuvor verstorbenen Dichter und Nobelpreisträger Anatole France Stellung bezog. Die zweite Ausgabe, in der sich die von Breton verdammten ehemaligen Mitglieder kritisch mit dem selbsterklärten Anführer der surrealistischen Bewegung auseinandersetzten, erschien erst im Januar 1930. (A.d.Ü.)

Papologie: auf Deutsch: päpstliche Lehre. Im zweiten *Surrealistischen Manifest*, veröffentlicht in der 12. Ausgabe der Publikation *La Révolution surréaliste* vom Dezember 1929, feierte Breton seine Anhänger und verunglimpfte die Gegner seiner Doktrin. Gegen Robert Desnos sprach er sogar eine Art Bann aus. In der Folge wurde er aufgrund dieses Verhaltens spöttisch mit dem Titel „Papst des Surrealismus" belegt.

Die Liebenden lernen einander kennen

S. 73
Marcel Mauss (1872–1950), Soziologe, Ethnologe, Religionswissenschaftler. 1925 begründete er gemeinsam mit dem Ethnologen **Paul Rivet** (1876–1958) das Pariser Institut d'ethnologie, ab 1931 hatte er den Lehrstuhl für Soziologie am Collège de France inne, den er 1940 wegen seiner jüdischen Herkunft aufgeben musste.

Georges Monnet (1898–1980), sozialistischer Politiker.

S. 78
Ihr Maler seid wirklich seltsame Burschen!: Oscar Wilde, *Das Bildnis des Dorian Gray,* Werke in zwei Bänden, hrsg. von Rainer Gruenter, München, 1970, Bd. 2, S. 161.

Der Spanische Bürgerkrieg

S. 87
José Maria Sert (1874–1945), bedeutender spanischer Maler insbesondere von großformatigen Wandbildern, u.a. in der Kathedrale von Vic, in privaten und öffentlichen Gebäuden in Barcelona, San Sebastian, Genf und New York.

S. 88
Un chien andalou: Die deutschen Titel der Filme von Louis Buñuel lauten *Ein andalusischer Hund* (1929) und *Das goldene Zeitalter* (1930).

Politisches Engagement

S. 95
Front commun: auf Deutsch: gemeinsame Front (der kommunistischen und sozialistischen Partei Frankreichs).

La Flèche: auf Deutsch: Der Pfeil.

S. 97
Jean Hugo (1894–1984), Maler. In erster Ehe verheiratet mit der Künstlerin **Valentine Hugo** (1887–1968). (s.a. S. 129)

S. 99
Diego Rivera wusste in den tiefsten Fasern seines Genies … Seht euch die Fresken von Rivera an!: Leo Trotzki, Die Kunst und die Revolution, 17. Juni 1938, Brief an *Partisan Review.*
Diego Rivera a su demeurer mexicain dans les fibres les plus profondes de son génie. Ce qui l'a inspiré dans ses fresques grandioses, ce qui l'a transporté au-dessus de la tradition artistique, au-dessus de l'art contemporain et, d'und certaine façon, au-dessus de lui-même, c'est le souffle puissant de la révolution prolétarienne. Sans Octobre, sa capacité créatrice à comprendre l'épopée du travail, son asservissement et sa révolte n'auraient jamais pu atteindre pareille puissance et pareille profondeur. Voulez-vous voir de vos propres yeux les ressorts secrets de la révolution sociale? Regardez les fresques de Rivera! Vous voulez savoir ce que c'est qu'un art révolutionnaire? Regardez les fresques de Rivera!

S. 105
Diese erbärmlichen Franzosen: Frida Kahlo, *„Jetzt, wo Du mich verläßt, liebe ich Dich mehr denn je"*, München, 2018, S. 197 f.

Leiden

S. 115
Jetzt lebe ich in einem schmerzvollen Planeten … würde ich es jetzt erkennen: Hayden Herrera, a.a.O., S. 64.
À présent, j'habite sur une planète douloureuse, transparente comme de la glace, mais qui ne cache rien. C'est comme si j'avais tout appris en quelques secondes, d'un coup d'un seul. Aujourd'hui tout est mou et lucide. Je sais qu'il n'y a rien derrière, sinon je le verrais.

S. 117
Salomon Grimberg, „Frida Kahlo's *Memory*: The Piercing of the Heart by the Arrow of Divine Love", *Woman's Art Journal,* 11, No. 2 (1990–91), S. 3 ff.

Ich sah in seiner Hand eine lange Goldlanze: Sainte Thérèse d'Avila, *Autobiographie*, Kap. XXIX, § 17, 1565.

S. 122
Lucienne Bloch (1909–1999), amerikanische Künstlerin und Photographin, Mitarbeiterin von Diego Rivera und enge Vertraute Frida Kahlos.

Doch diese Personen arbeiteten … Garant für Kontinuität:
John Berger, *Le Monde Diplomatique*, Januar 1999.
Mais ces deux personnes, alors en vie l'une et l'autre, collaboraient à la tâche de se préparer à la mort, tâche devant assurer la survie. Peindre, c'était nommer et être nommé, c'était la garantie de cette continuité.

Jean Christophe Bailly (geb. 1949), Schriftsteller, Poet und Dramaturg.

S. 125
Mary Reynolds (1891–1950), amerikanische Buchgestalterin. Seit den 1920er Jahren bis zu ihrem Tod war sie die Lebensgefährtin von Marcel Duchamp.

Ich bin so rein in den Eingeweiden: Walt Whitman, *Grashalme*, übersetzt von Hans Reisinger, Reinbek, 1968, S. 50.

Die Liebesgeschichte

S. 129
Jacques Villon (1875–1963), Maler, hieß eigentlich Gaston Émile Duchamp und war der älteste Bruder von Marcel Duchamp. Sein Pseudonym setzte er zusammen aus Alphonse Daudets Romantitel *Jack* und dem Nachnamen des spätmittelalterlichen Dichters François Villon.

S. 132/133
In einer anderen Phase meines Lebens: Herrera, a. a. O., S. 97.

S. 133
Emiliano Zapata (1879–1919), führender Kopf der mexikanischen Revolution.

S. 134
Wilhelm Kahlo (1871–1941): Petitjean folgt hier der von Frida Kahlo selbst gelegten falschen Fährte, der sie auch Gerüchte um eine jüdische Abstammung hinzufügte. Tatsächlich kam Wilhelm Kahlo als Sohn lutheranischer Eltern im badischen Pforzheim zur Welt, wie die Historikerin Gaby Franger und der Lateinamerikanist Rainer Huhle herausgefunden haben. Siehe dazu ihre Publikation *Fridas Vater. Der Fotograf Guillermo Kahlo*, München, 2005.

Der gebürtige Kaufmannssohn Carl Wilhelm Kahlo wanderte 1890 nach Mexiko aus, nannte sich dort Guillermo und betrieb zügig seine Einbürgerung. Nachdem er zunächst in der deutschen Kaufmannskolonie als Kalkulator tätig gewesen war, entdeckte er die Photographie und wurde zu einem der angesehensten Architektur- und Industriephotographen des aufstrebenden Mexiko.

S. 138
Éros c'est la vie: auf Deutsch: Eros ist das Leben.

S. 143
Agnès Capri (1907–1976) ist der Künstlername von Sophia Rose Fridman, Schauspielerin, Sängerin, Theaterleiterin. Als Sängerin trat sie ab 1936 im Musikkabarett „Le bœuf sur le toit“ auf und eröffnete 1938 ihr eigenes Theater, „Chez Agnès Capri“, in dem sich Surrealisten und Mitglieder der revolutionären Künstler- und Schriftstellervereinigung AAÉR trafen. Bei Kriegsbeginn musste sie ihr Theater aufgrund ihrer jüdischen Herkunft schließen, nach dem Krieg führte sie es am alten Standort in der Rue Molière bis 1958 weiter.

S. 144
Elsa Schiaparelli (1890–1973), Modeschöpferin, eröffnete 1928 die erste von acht eigenen Boutiquen in Paris und prägte den „surrealistischen“ Modestil der Zwischenkriegszeit. Sie war u. a. mit Picasso, Dalí und Cocteau befreundet.

S. 148
Douze commandements de la femme: Zwölf Gebote für die Frau, die Elsa Schiaparelli 1954 in ihrer Autobiographie *Shocking Life* veröffentlichte.

S. 149
Hubert de Givenchy (1927–2018), Couturier, arbeitete von 1947 bis 1951 für Schiaparelli, 1952 eröffnete er sein erstes eigenes Atelier und gelangte bereits ein Jahr später zu Weltruhm, weil er die Schauspielerin Audrey Hepburn für ihre Rolle in *Sabrina* und fortan für all ihre Filme ausstattete.

Mexiko

S. 155
Jacques Soustelle (1912–1990) war Politiker, Anthropologe und Ethnologe mit Spezialgebiet lateinamerikanische Kulturen. 1938 wurde er Vizedirektor des Musée de l'Homme, 1940 schloss er sich dem Widerstand an, unterstützte de Gaulle und hatte in der Folge als Mitglied der gaullistischen Partei zahlreiche politische Ämter inne.

Pierre Verger (1902–1996), Photograph, Ethnologe, Schriftsteller und Gründungsmitglied von Alliance Photo. Er gilt als Pionier der visuellen Anthropologie und Spezialist für die transatlantischen Beziehungen zwischen Brasilien und Afrika.

Die Vernissage

S. 169
Die große Künstlerin stellt siebzehn Gemälde aus: Laut Katalog der Ausstellung handelte es sich um 18 Gemälde, die unter den Nummern 68 bis 85 aufgelistet werden.

S. 173
Die Ausstellung zeigt auf engem Raum siebzehn Bilder von Frida Kahlo: s.o.

S. 174
Augenblicklich haben wir hier eine mexikanische Kunstausstellung: Kandinsky-Albers. Une correspondance des années trente / Ein Briefwechsel aus den dreißiger Jahren, Paris: *Les Cahiers du Musée national d'art moderne,* o. J., S. 129.
Die Übersetzerin dankt Herrn Karlheinz Liesbrock für diesen Hinweis.

S. 179
Pierre Roy (1880–1950), Maler und zeitweiliger Anhänger der Surrealisten.

Die Ausstellung Mexiko *ist André Bretons Werk … auf den Index gesetzt hat: Beaux-Arts,* Nr. 325, 21. März 1939,
L'exposition Mexique *est l'œuvre d'André Breton. On y trouve, à côté de tableaux mexicains anonymes du XVIIIe et XIXe siècles, des jouets populaires, des terres cuites antérieures à la conquête de Cortès et des peintures de Frida Kahlo de Rivera, la femme du célèbre peintre Diego de Rivera. Il est, je pense, inutile d'insister sur l'intérêt d'une telle exposition. Il s'en dégage un parfum de mort et de vie démonique. Ce satanisme latent se manifeste partout. […] Frida Kahlo de Rivera est une nécromancienne. Les surréalistes semblent la revendiquer. Ils oublient qu'elle apparaît surtout comme une sœur spirituelle de Pierre Roy, mis à l'index du groupe.*

Vor allem die Gemälde von Frida Kahlo de Rivera verdienen Erwähnung … ein Band um eine Bombe: Marianne, 22. März 1939,
Il convient de signaler particulièrement les peintures de Frida Kahlo de Rivera, où ce fonds traditionnel s'allie aux actuelles inquiétudes surréalistes. André Breton y reconnaît, avec raison, un art bien féminin, c'est-à-dire tour à tour le plus pur et le plus pernicieux: un ruban autour d'une bombe.

S. 183

Chauvinismus und Missachtung der Frau in Frankreich: Hayden Herrera, a. a. O., S, 220: „‚Die Franzosen waren zu nationalistisch', sagte Jacqueline Breton dazu, ‚um sich für das Werk einer unbekannten Ausländerin zu interessieren. Außerdem waren damals Frauen noch gänzlich unterschätzt. Es war schwer, sich als Malerin durchzusetzen.'"

Die Leute haben eine Heidenangst: Frida Kahlo, *Dir sende ich mein ganzes Herz*, München, 2004, S. 100.

… dass ich mich gut benommen habe: Frida Kahlo, *Jetzt, wo Du mich verläßt, liebe ich Dich mehr denn je*, München, 2018, S. 198.

S. 190

Michel, todo mi corazon: auf Deutsch: Michel, mein ganzes Herz, Frida, Paris, 23. März 1939.

S. 196

Die Geschichte mit Albanien: Italien marschiert am 7. April in Albanien ein.

Nach dem Krieg

S. 197

Dort [in Paris] malte ich nichts: Salomon Grimberg, *Frida Kahlo, Bekenntnisse*, München, 2009, S. 82.

APPENDIX

Redaktion und Übersetzung: Michaela Angermair

21.1.1939 Ankunft in Le Havre an Bord des Passagierschiffs *SS Paris*, aus New York kommend, wo Frida Kahlo in der Galerie Julien Levy ihre erste Einzelausstellung hatte.

Zunächst wohnt Frida Kahlo bei den Bretons in der Rue Fontaine 42, ab einem nicht genau zu eruierenden Zeitpunkt – ihre Biografin Hayden Herrera vermutet: „Ende Januar“ – dann im Hotel Regina an der Place des Pyramides. (Herrera, S. 210)

2.2.1939 Frida Kahlo wird wegen einer Infektion mit Kolibakterien ins Amerikanische Krankenhaus in Neuilly gebracht.

23.2.1939 Sie wird aus der Klinik entlassen und wohnt bis zum Ende ihres Pariser Aufenthalts im Haus von Marcel Duchamps Partnerin Mary Reynolds.

Hayden Herrera schreibt in diesem Zusammenhang: „Ja, es gab sogar ein kurzes Liebesabenteuer mit einem Trotzki-Anhänger, den Frida für kurze Zeit in Mary Reynolds Wohnung am Montparnasse mitnahm.“ (Herrera, S. 216)

Sie unternimmt auch touristische Ausflüge: „Als es ihr gesundheitlich möglich war, stattete sie Chartres und einigen Loireschlössern einen Besuch ab“, schreibt Hayden Herrera (S. 214).

27.2.1939 An ihren New Yorker Geliebten Nickolas Muray schreibt Frida, dass sie eigentlich am 8. März Frankreich bereits wieder an Bord der *Isle de France* verlassen wollte, aber auf Anraten Diegos bis zur Vernissage bleibe.

10.3.1939 Eröffnung der Ausstellung „Mexiko“ in der Galerie Renou et Colle.

25.3.1939 Abreise von Le Havre an Bord der *Normandie* mit Ziel New York.

EUROPÄISCHE KONFLIKTE IN DEN SPÄTEN 1930ER JAHREN

17.7.1936 Ab diesem Zeitpunkt herrscht in Spanien nach dem Militärputsch nationalistischer Generäle Bürgerkrieg zwischen Republikanern und Nationalisten. Deutschland, Italien und Portugal waren aufseiten der Nationalisten, die Sowjetunion und Mexiko unterstützen die Republikaner.

26.1.1939 Barcelona fällt in die Hände der Nationalisten, dann am 27. März 1939 auch Madrid.

1.4.1939 Die Republikaner kapitulieren, der Krieg ist zu Ende, General Franco herrscht anschließend bis zu seinem Tod 1975 über Spanien.

Großbritannien und Frankreich erkennen das Franco-Regime bereits im Februar an.

15.3.1939 Die deutsche Wehrmacht marschiert in Prag ein. Während sich die Slowakei selbst abspaltete, wurde der Rest des Staates zum „Protektorat Böhmen und Mähren" erklärt. Mit dieser Expansion des Reichsgebiets brach Hitler das Münchener Abkommen vom September 1938, in dem als Kompromiss zur Befriedung seines Machtanspruchs in Verhandlungen mit Italien, England und Frankreich festgelegt worden war, dass das Sudetengebiet an das Deutsche Reich abgetreten wurde.

7.-12.4.1939 Da sich Mussolini Hitler gegenüber territorial mehr und mehr im Hintertreffen fühlt, erobern Streitkräfte des faschistischen italienischen Königreichs in diesem Zeitraum Albanien. Es bleibt bis zur Kapitulation Italiens im September 1943 unter italienischer Herrschaft.

1.9.1939 Mit dem von Hitler befohlenen Überfall der deutschen Truppen auf Polen beginnt der Zweite Weltkrieg.

Frida Kahlos Bilder in Paris, 1939

Anlässlich seiner Mexiko-Reise im Jahr 1938 entdeckte André Breton, zu Gast beim Ehepaar Rivera, die Bilder von Frida Kahlo und vereinnahmte sie umgehend als Beitrag zu „seinem" Surrealismus. Er lud die Künstlerin ein, ihr Werk im darauffolgenden Jahr in Paris zu präsentieren. Als Frida Kahlo sechs Monate später, Ende Januar 1939, in der französischen Hauptstadt ankam, musste sie jedoch feststellen, dass Bretons Idee einer Kahlo-Ausstellung zu einer Mexiko-Ausstellung in drei Teilen mutiert war: Neben antiken Objekten mexikanischer Volkskunst und Gemälden aus dem 19. Jahrhundert sollte sie die Bühne auch noch mit Photographien ihres Landsmanns Manuel Alvarez Bravo teilen. Die Künstlerin war darüber ebenso verstimmt wie über die Unterbringung im Kinderzimmer der kleinen, mit Sammelobjekten vollgestopften Privatwohnung der Bretons. Zudem wurde bald klar, dass André Breton keine Absprache mit einer Galerie vorweisen konnte und auch keinerlei Anstalten machte, Kahlos Gemälde, die mit dem Schiff aus New York gekommen waren, beim Zoll auszulösen. Ob diese Behandlung des Gastes auf ästhetischem Desinteresse oder schlicht auf Geldmangel beruhte, ist schwer zu beurteilen; auf Geldnot deutet Bretons Ansinnen hin, sich bei Frida Geld für die Restaurierung der alten Gemälde zu leihen. Marcel Duchamp scheint die Situation gemeinsam mit seiner Lebensgefährtin Mary Reynolds gerettet zu haben. Angeblich war er es, der eine Galerie ausfindig machte und den Zoll für die Bilder entrichtete. Außerdem verschaffte er Frida mit einer Einladung in das Haus von Mary Reynolds eine angemessene Bleibe, nachdem sie aus der Wohnung der Bretons bereits ins Hotel Regina in ein Zimmer ohne eigenes Bad hatte übersiedeln müssen.

Die Eröffnung der Ausstellung fand dann am 9. März 1939 abends statt. Sie war gut besucht, unter anderen kamen Miró, Kandinsky, Wolfgang Paalen und der ganze surrealistische Künstlerkreis. Der kleine Katalog, der parallel zur Schau erschien, listete alle gezeigten Werke auf, darunter achtzehn Bilder von Frida Kahlo unter den Nummern 68 bis 85, und bildete je ein Beispiel der unterschiedlichen Exponate ab – für Frida Kahlos Kunst enthielt er eine Schwarzweiß-Abbildung ihres Gemäldes „Meine Amme und ich". Zudem hatte Breton einen dichterisch-emphatischen Text über Frida Kahlo und ihr Werk verfasst.

Da die Liebesgeschichte, von der dieses Buch berichtet, auch eine Erzählung der Kunstgeschichte ist, haben wir nachfolgend die Liste der achtzehn Gemälde der ersten europäischen Ausstellung von Frida Kahlo zusammengestellt und veröffentlichen dazu André Bretons Eloge auf die Ausnahmekünstlerin und spätere Ikone des Feminismus.

Die Ausstellung

Liste der Kahlo-Gemälde in der Mexiko-Ausstellung Paris, 1939

1. Vier Einwohner der Stadt Mexico (WVZ 64)
2. Meine Amme und ich *oder* Ich nuckele (WVZ 49)
3. Strohflügel *oder* Sie wollen Flugzeuge und sie bekommen nur Strohflügel (WVZ 62)
4. Erinnerung *oder* Das Herz (WVZ 51)
5. Mein Kleid hängt dort *oder* New York (WVZ 39)
6. Was ich im Wasser sah *oder* Was mir das Wasser gab (WVZ 67)
7. *Pitahayas* (*im Katalog der Galerie Renou kursiv gesetzt,* WVZ 54)
8. Stillleben mit Kaktusfrüchten *oder* Kaktusfrüchte *(lt. Werkverzeichnis von Helga Prignitz-Poda nicht in der Pariser Ausstellung, im Katalog der Galerie Renou kursiv gesetzt,* WVZ 55)
9. Früchte der Erde (*lt. Werkverzeichnis nicht in der Pariser Ausstellung,* WVZ 56)
10. Henry Ford Hospital *oder* Das fliegende Bett (WVZ 35)
11. Geburt *oder* Meine Geburt (WVZ 37)
12. Der tote Dimas Rosas im Alter von drei Jahren (WVZ 48)
13. Mädchen mit Totenmaske (WVZ 65)
14. Ein paar kleine Dolchstiche (WVZ 42)
15. Luther Burbank (*lt. Werkverzeichnis nicht in der Pariser Ausstellung,* WVZ 30)

16a. Xochitl, Blume des Lebens (*es scheint verschiedene Bilder dieses Titels zu geben, auch*

16b. Selbstbildnis mit Halskette *könnte diese Bezeichnung getragen haben, s. Texte und Bilder aus Werkverzeichnis,* WVZ 38 oder 57)

17. Der Rahmen *oder* Selbstbildnis „The Frame“ (WVZ 59)
18. Der Selbstmord der Dorothy Hale (WVZ 68)

*André Breton: Frida Kahlo de Rivera**

Wo sich das Herz der Welt öffnet, vom erdrückenden Gefühl befreit, dass es der immer gleichen Natur an Ungestüm mangelt, dass ohne Rücksicht auf die Rasse jedes menschliche Wesen, nach gleichem Muster, dazu verurteilt ist, nur das hervorzubringen, was ihm die übermächtigen ökonomischen Gesetze der modernen Gesellschaften zubilligen; wo die Schöpfung in den Gegebenheiten der Erde und in ihrer Vegetation schon überschäumte, um sich dann in jahreszeitlichen Farbpaletten und Wolkenarchitekturen noch selbst zu übertreffen; wo seit einem Jahrhundert unaufhörlich, wie von einem gigantischen Blasebalg angefacht, das Wort Unabhängigkeit in der Esse prasselt und seine Essenz wie kein zweites funkengleich in die Ferne versprüht: dorthin zog es mich seit langem, um meine Idee davon, wie Kunst in unserer Zeit zu sein hat, tatsäch-

* aus dem Katalog zur Ausstellung *Mexique*, Paris 1939

lich zu verspüren – und dabei aus freien Stücken das äußere Modell dem inneren zu opfern und bewusst der Darstellung den Vortritt gegenüber der Wahrnehmung zu lassen.

Würde diese Vorstellung stark genug sein, um dem geistigen Klima Mexikos standzuhalten? Dorthin nämlich, wo tausend behexende Feuer loderten, waren alle Augen der Kinder Europas – darunter die des Kindes, als das ich kam – vorausgeeilt. Ich sah mit eben dem Blick, den ich über imaginierte Landschaften schweifen lasse, die sich in Windeseile vor meinem Auge entfaltende wunderbare Sierra, wie sie sich an angrenzende Palmenhaine schmiegt, ich sah, wie feudale Haciendas brannten, umwogt vom Duft von Haar und chinesischem Jasmin in einer südlichen Nacht, und ich sah, wie sich höher und mächtiger als irgendwo anders unter schwerem Zierat aus Filz, Metall und Leder die spezifische Silhouette des Abenteurers herausmodelliert, der der Bruder des Dichters ist. Und dennoch ließen diese Bildfetzen, die man aus den Schätzen seiner Kindertage herübergerettet hat, auch wenn sie ihre magische Kraft in Teilen bewahrt haben, manch spürbare Lücke. Nie hatte ich dem jahrhundertealten Klang der zapotekischen Gesänge gelauscht, nie hatte ich die ausnehmende Vornehmheit und zugleich extreme Not der Indios mit eigenen Augen gesehen, wie sie reglos auf den Märkten unter der sengenden Sonne verharren, ich hatte keine Vorstellung davon, dass das Universum der Früchte Wunder wie die Pitahaya bereithalten könnte, deren Fleisch in Farbe und Beschaffenheit Rosenblättern gleichkommt, die Pitahaya mit dem grau-rosa Fruchtfleisch, das schmeckt wie der lustvolle Kuss zwischen Liebenden, nie hatte ich einen Klumpen dieser roten Erde in Händen gehalten, aus der die vollendet geschminkten Statuetten von Colima – Wesen zwischen Frau und Zikade – hervorgegangen sind; und ebenso wenig war mir schließlich jene Person untergekommen, die in ihrer Haltung stark an letztere erinnert, auch weil sie sich schmückt wie eine Märchenprinzessin mit Zauberkräften bis in die Fingerspitzen im Lichtstrahl des Vogels Quetzal, der beim Davonfliegen an den Rändern der Steine Opale hinterlässt: Frida Kahlo de Rivera.

Sie war da an diesem 20. April 1938, war sozusagen Teil eines der beiden Kuben ihres durchscheinenden Hauses geworden – nie weiß ich, ob es der blaue oder der rosafarbene war –, der Garten quoll über von Götterbildern und Kakteen mit weißen Schöpfen ebenso wie von zahlreichen Heraklit-Büsten, und er war nur von einer Reihe von grünen „Kerzen“ gesäumt, zwischen denen von morgens bis abends Neugierige aus ganz Amerika hindurchlugen und heimlich ihre Kameraobjektive durchschieben in der Hoffnung, revolutionäres Denken auf frischer Tat zu überraschen wie unversehens den Adler in seinem Nest. Tatsächlich lauern sie auf Diego Rivera, von dem sie annehmen, dass er täglich seinen angenehm wiegenden Schritt und seine physische wie geistige Statur eines großen Kämpfers von Zimmer zu Zimmer lenkt, auch durch den Garten, wobei er verharrt, um seine Klammeraffen zu streicheln, und über die Terrasse, zu der eine Treppe ohne Geländer über dem Leerraum hinaufführt: In den Augen eines ganzen Kontinents verkörpert er den bravourösen Kampf gegen die Mächte der Unterdrückung – für die meinen folglich das Wertvollste, was es auf der Welt geben kann –, und dennoch kenne ich nichts, was es mit der menschlichen Qualität seiner Hingabe an das Denken und die Art seiner Frau aufnimmt, ebenso wie mit dem Ansehen, das für ihn die feenhafte Persönlichkeit von Frida umgibt. Wenn sich die öffentliche Indiskretion derart auf dieses Haus fokussiert, so liegt das auch daran, dass es angeblich von Zeit zu Zeit einen Mann beherbergt, den die Verdorbenheit unserer Epoche dazu zwingt, sich heimlich in diesem letzten Winkel Erde, den man ihm noch lässt, zu bewegen, da seine Intelligenz der seiner Verfolger haushoch überlegen ist, da die Hoffnung, die er in den Menschen zu erzeugen in der Lage ist, so groß ist, dass er sie zu großen Sprüngen in Richtung Befreiung herausfordert – zum Sprung, wie er sagt, von der Regentschaft des Notwendigen zur Regentschaft der Freiheit – und all das unter Missachtung des im Lauf der Zeit unweigerlich nachlassenden Schwungs, denn seine ausdrückliche Jugendlichkeit, die sich in allen seinen Taten und seinen unsterblichen Gedanken manifestiert, ist für alle, die sich ihm nähern – ihm oder seinen Büchern –, ein Versprechen und eine Gewissheit, dass es Vergeltung geben wird: Leo Trotzki.

Lang stand ich bewundernd vor einem Selbstportrait von Frida Kahlo, das an der Wand von Trotzkis Arbeitszimmer hing. Sie trägt darauf ein Kleid mit goldenen Schmetterlingsflügeln, und genau in diese Richtung lenkt sie die Gedanken, wenn sie den geistigen Vorhang öffnet. So dürfen wir, als befänden wir uns in der schönsten Blüte der deutschen Romantik, teilhaben, wie eine junge Frau die Bühne betritt, die mit allen Gaben einer Verführerin ausgestattet und es zugleich gewöhnt ist, unter genialen Männern ihr Talent zu entwickeln. Von ihrem Geist kann man in so einem

Fall erwarten, dass er ein geometrischer Ort ist: in ihm spielt sich eine Reihe von wesentlichen zu lösenden Konflikten ab, mit denen zu ihrer Zeit auch Bettina Brentano und Caroline Schlegel zu kämpfen hatten. Frida Kahlo de Rivera befindet sich an diesem besonderen Kreuzungspunkt der politischen (philosophischen) Linie mit der künstlerischen Linie, von dem ausgehend wir uns wünschen, dass sich die Linien in ein und demselben revolutionären Bewusstsein vereinen, ohne dass sich deshalb die sie treibenden und im Wesen verschiedenen Kräfte vermischen sollten. Da es hier um die Lösung hinsichtlich der bildenden Kunst geht, ist Frida Kahlos Beitrag zur Kunst unserer Zeit dazu angetan, unter den verschiedenen malerischen Tendenzen eine ganz besonders entscheidende Position einzunehmen.

Wie groß waren bei meiner Ankunft in Mexiko meine Überraschung und meine Freude darüber, dass sich ihr Werk, das ohne jegliche Berührung mit den Ideen entstanden war, die meine Freunde und mich antreiben, dennoch in ihren jüngsten Bildern als reinster Surrealismus entfaltet. Wenn man die aktuelle Entwicklung der mexikanischen Malerei betrachtet, die seit Beginn des 19. Jahrhunderts jeglichem fremdländischen Einfluss entzogen ist und zutiefst aus ihren eigenen Quellen schöpft, so trifft man, wie ich, am anderen Ende der Welt auf eben jene spontane Fragestellung, die sich aufdrängt: welchen irrationalen Gesetzen gehorchen wir, welche subjektiven Zeichen lassen uns in jedem Augenblick unsere Richtung finden, welche Symbole und Mythen wirken in jener Mischung von Gegenständen, in diesem Muster von Ereignissen, welcher Sinn ist diesem Werkzeug, unserem Auge, beizumessen, das es uns ermöglicht, von der Sehkraft zur Kraft eines Sehers zu reifen? Das Bild, das Frida Kahlo de Rivera damals zu vollenden im Begriff war – „Was das Wasser mir gab" –, illustrierte unbewusst einen Satz, den ich einst aus Nadjas Mund vernahm: „Ich bin der Gedanke über dem Bad im Zimmer ohne Spiegel."

Nicht einmal der Hauch Grausamkeit und Humor fehlen in dieser Kunst, den es braucht, um die seltenen Gefühlsmächte zu binden, die der Komposition innewohnen und den Zaubertrank ergeben, für den Mexiko das geheime Rezept hütet. Der Taumel der Pubertät, das Mysterium der Zeugung befeuern hier die Inspiration und spielen sich, anders als in anderen Breiten, nicht nur im Geist ab, sondern werden im Gegenteil in einer Mischung aus Arglosigkeit und Impertinenz offen zur Schau getragen.

Als ich in Mexiko war, war ich verleitet zu sagen, dass es nirgendwo in Raum und Zeit je eine Malerei gab, die mir besser an ihrem Platz erschien als diese. Ich möchte hinzufügen, dass es nirgends sonst eine so zutiefst weibliche Kunst gibt in dem Sinn, dass sie maximal verführerisch und zugleich ganz bewusst, je nachdem, absolut rein und völlig durchtrieben ist.

Die Kunst von Frida Kahlo de Rivera ist ein Band um eine Bombe.

* * *

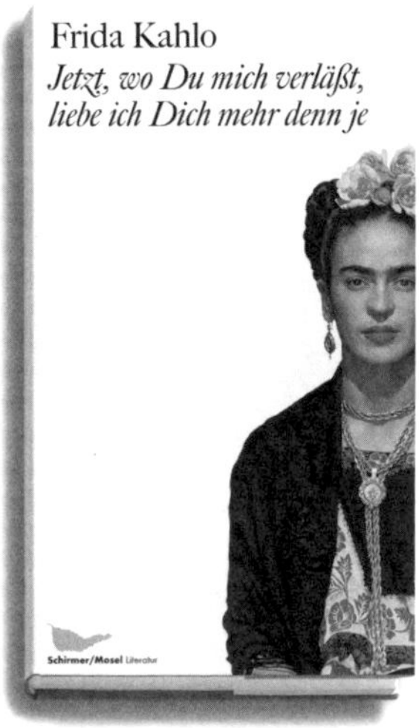

Raquel Tibol (Hrsg.)
Frida Kahlo
Jetzt, wo Du mich verläßt,
liebe ich Dich mehr denn je
Briefe und andere Schriften
368 Seiten
ISBN 978-3-86555-002-6

Frida Kahlo als Autorin: Briefe, Gedichte, Notizen und Bekenntnisse der mexikanischen Malerin, zusammengestellt von ihrer Freundin Raquel Tibol. Frida schreibt „mit dem Herz auf der Zunge" an Freunde, Kollegen, Liebhaber. Die extreme Freiheit der Sprache korrespondiert mit Kahlos malerischer Auseinandersetzung mit ihrer Welt: der Busunfall, die komplexe Beziehung zu Diego Rivera und ihren Liebhabern, ihr politisches Engagement und ihre Kompromisslosigkeit.

Mit diesen Texten präsentiert Raquel Tibol eine „Autobiographie" Frida Kahlos, die dem Mythos Kahlo eine weitere, unverfälschte Dimension hinzufügt.

Schirmer/Mosel
www.schirmer-mosel.com

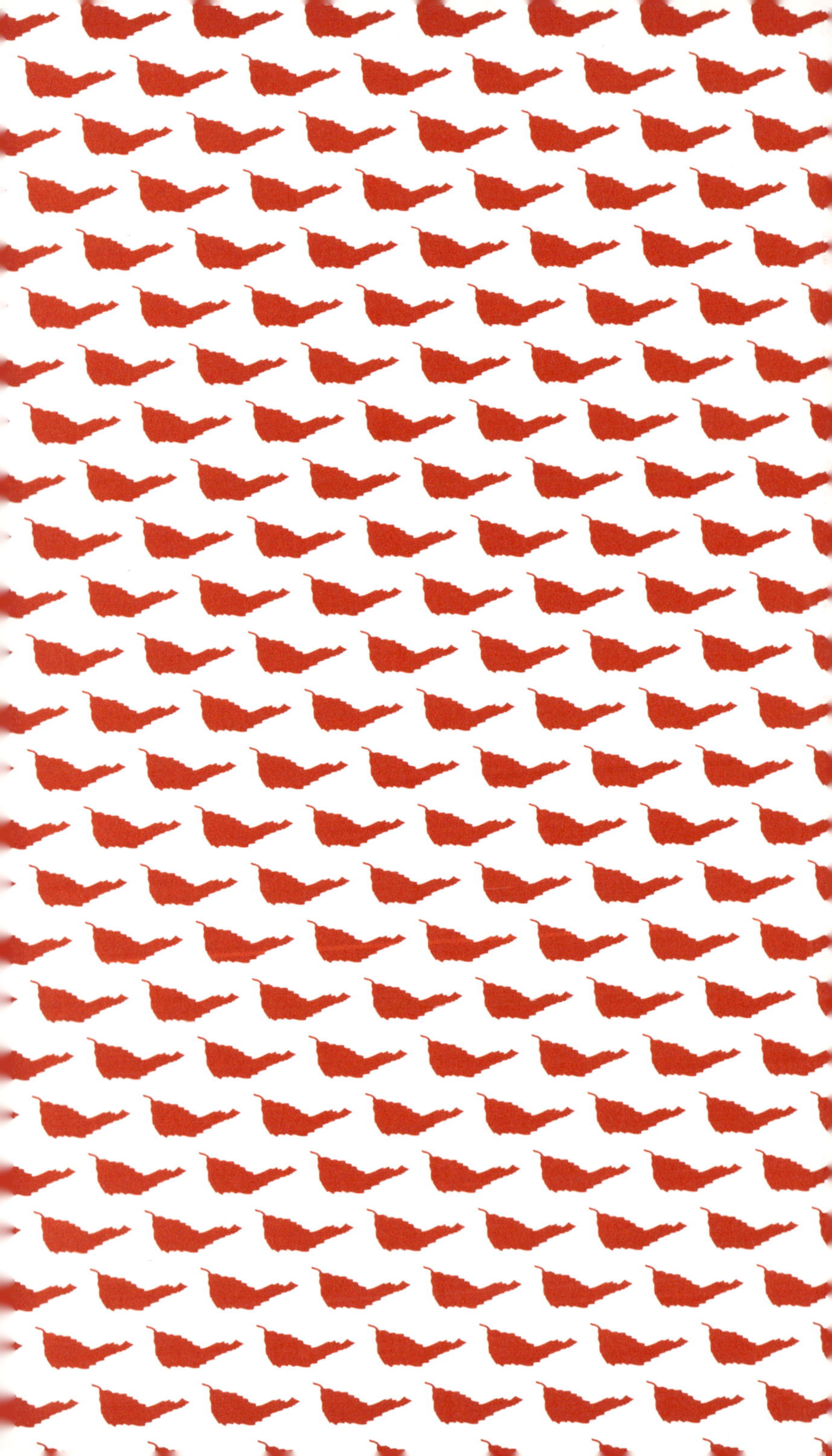